U0831004

茶之书

The Book of Tea

〔日〕冈仓天心（Kakuzo Okakura）著

谷意 译

山东画报出版社

图书在版编目（CIP）数据

茶之书 /（日）冈仓天心著；谷意译. —济南：
山东画报出版社，2010.6（2025.10 重印）
ISBN 978-7-5474-0091-3

Ⅰ.茶… Ⅱ.①冈… ②谷… Ⅲ.①茶－文化－日本 Ⅳ.①TS971

中国版本图书馆 CIP 数据核字（2010）第 019834 号

本书译文由（台湾）五南图书出版股份有限公司授权
山东画报出版社在大陆地区出版发行简体字版本。

CHA ZHI SHU
茶之书
〔日〕冈仓天心 著 谷意 译

策　　划　董明庆
责任编辑　许　诺
装帧设计　王　芳
主管单位　山东出版传媒股份有限公司
出版发行　山东画报出版社
　　　　　社　　址　济南市市中区舜耕路 517 号　邮编　250003
　　　　　电　　话　总编室（0531）82098472
　　　　　　　　　　市场部（0531）82098479
　　　　　网　　址　http://www.hbcbs.com.cn
印　　刷　山东临沂新华印刷物流集团有限责任公司
规　　格　140 毫米 ×203 毫米
　　　　　5.5 印张　36 幅图　85 千字
版　　次　2010 年 6 月第 1 版
印　　次　2025 年 10 月第 19 次印刷
书　　号　ISBN 978-7-5474-0091-3
定　　价　15.00 元

目　录

导言

1863年年末，横滨市一家贸易商铺的仓库里，一个男孩呱呱坠地。年末事多繁杂，仓促之间遂以仓库为临时产室，男孩因此取名“角藏”。后来，实在觉得这个名字太过平俗，即改名为“觉藏”。上了大学的觉藏，自己又改为“觉三”。十八九岁时作汉诗，自号“三匝”，二十五六岁时也用“种梅”之号。据说于三十五六岁左右，因自觉体满肥厚，屡屡取去胸前赘肉，但效果不佳，留下来的疤痕宛若草书“天”字，又因位于心脏附近，故而半戏谑地自取雅号 “天心”，偶作俚语小调或文雅诗书时用此号，平日里仍称“觉三”。1913年，觉三病逝。九年后，日本美术院在纪念创建二十五周年之际，出版了《天心全集》。自此，人们提起他，往往称其为“冈仓天心”。

出身地方武家的冈仓勘右卫门精明强干，颇具商才，在幕末维新的社会转型期，也成功地转型为商人。他大概料想不到，降生于仓库里的二儿子，日后将成为明治时期引领一代风潮的人物。

冈仓天心八岁时随美国人约翰·巴拉（John Baller）学英文，九岁时拜长延寺住持玄导和尚为师，学《大学》《论语》《中庸》与《孟子》等。1871 年，日本废藩置县，冈仓天心随父到东京，先入开成学校，后开成学校与东京医学院合并为东京大学，冈仓天心就成为东京大学文学部的学生，虽然修习的是政治学与理财学，但他却经常出入汉学与英文教室。在学期间，他还向女画师奥原晴湖学文人画[1]，与汉学老师中村正直学《诗经》《左传》，与琴艺、汉学造诣皆深的老藩士加藤樱老学琴，还加入了汉诗社，曾自集三十首汉诗为《三匝堂诗草》。

这时，恰值擅长黑格尔哲学的美国人费诺罗萨（Ernest Frenollosa）到东京大学任教，对东方哲学很感兴趣的他经常到古书画、古器具店探访。冈仓天心充任他的翻译，不仅是日常对话，也常为他翻译古书，兴趣因而也与日俱增。大学毕业后，十九岁的冈仓天心先入文部省音乐调查

1　文人画也称南画，始于江户中期，受中国明清绘画影响，但又有所创新。

科，后转美术调查科，多次（时间最长的一次为五年）随文部官员九鬼隆一以及费诺罗萨等人到各地调查古社寺所藏书画，留下了大量的速写、调查笔记。1886年，他与费诺罗萨等人受日本政府委派，前往欧洲各国进行有关美术与美术教育的调查。1887年，归国后的他旋即成为创办东京美术学校的主力，并于1890年由干事转任校长，这时他才二十九岁。从1887至1897年，冈仓天心在仕途与事业上齐头并进，先后任帝国博物馆的理事与美术部长、日本青年绘画协会会长、临时博览会的监查官、帝室技艺会委员、日本绘画协会副会长与古社寺保护委员会委员等。十年之间，除了在保护古社寺及其艺术品上做出巨大贡献外，对东京美术学校的校务与教学，他也都倾力亲为。他不仅自己讲授“日本美术史”，学校的课程设置、校服的设计也均出自其手。非常具有象征意义的是，在明治维新西风东渐的时代大氛围中，他为老师和学生们设计的制服却是奈良式的朝服袍子和冠帽。据说教职员们不好意思穿着这样的制服招摇过市，就把制服寄在学校附近的熟人家里，上学与放学之际均到熟人家换衣服。冈仓天心却总兀自身着校袍、骑着他心爱的马往来于街头学校之间，为当时的一大奇观。冈仓天心的桀骜不驯与特立独行由此可见一斑。

1898年，形势陡然逆转，冈仓天心遭遇了事业上的滑铁卢。在一片喧扰的是非声中，他主动请辞东京美术学校校长与帝国博物馆理事，以一种悲壮的形式离开了他为之倾注十年心力的学校。除古社寺保护委员外，冈仓天心与官方脱离了一切关系。以桥本雅邦为首的十七名教职员联袂辞职，随冈仓天心离校。同年，在爱好日本美术的美国富豪比嘉罗（Bigelow）的大力支持下[2]，冈仓天心与桥本雅邦等离校同人共创日本美术院。费诺罗萨、美术界人士，以及幸田露伴、尾崎红叶、高山樗牛、坪内逍遥在内的文艺界人士也纷纷为美术院摇旗呐喊。虽然美术院于逆势中以庞大的声势另起炉灶，但随着后续资金不足，美术院力图创新的"日本画"饱受批评，三年后即举步维艰。于时于景，冈仓天心的心境宛然可知。

明治三十四年（1901），冈仓天心以"遗迹保存调查"之由一人奔赴印度。他历访古迹、寺院与高僧，与不二宗大师威埃卡南达（Wivecannanda）会谈，与泰戈尔结下深情厚谊。冈仓天心原本打算次年在东京召开"东洋佛教大会"，计划后因故流产。着日本和服、穿草履的冈

2　比嘉罗早年即与冈仓天心相识，曾随同冈仓天心等人参加古社寺艺术品的调查。比嘉罗闻知冈仓天心的状况，当即汇出一万美金，这在当时是一笔巨大的款项。假若没有这一财力支持，美术院的创立便形同无米之炊。

仓天心目睹英治下的文明古国的苦难，在青年集会上用英语疾呼人们奋起反抗，遂成印度青年心目中之英雄。冈仓天心还结识了新兴印度教的信奉者、英国女性维尼代特（Nivedita），后者是冈仓天心第一部英文著作《东洋的理想》在英国出版的鼎力支持者。

1904年，冈仓天心携门下三弟子横山大观、菱田春草、六角紫水赴美，在比嘉罗、美国画家约翰·拉法契（John La Farge）的引荐下，他与波士顿美术馆的领导层进行了会谈，由此促成了他出任美术馆东洋部顾问（后为主任）。冈仓天心还受到了有“波士顿女王”之称的大富豪加德纳夫人（Gardener）[3]的青睐，加德纳夫人之后也给了冈仓天心莫大的支持。

正是在这样的背景下，冈仓天心在走出国门之后成功地重新选择了一种行世方式，其目标与追求的理想与之前并无二致，但舞台更换了，视野更广了，面对西方世界，他除了为波士顿美术馆整理、购买亚洲艺术品之外，还以

3　加德纳夫人拥有庞大的财富，喜欢艺术并致力于艺术的保护。她曾买下意大利一处中世纪贵族的府邸，并原封不动地移至美国，使之成为当时展现意大利艺术的陈列馆。她自己则在旁边建造豪宅，并邀请深谙日本艺术的费诺罗萨等人一同到豪宅居住。她在当时的社交界声望卓著，被称为“波士顿女王”。

英文著述，向西方世界言说东方文化与艺术之美。

《东洋的理想》（*The Ideals of the East*，1903）、《日本的觉醒》（*The Awaking of Japan*，1904）、《茶之书》（*The Book of Tea*，1906）被并称为冈仓天心的“英文三部曲”，前一部刊行于伦敦，后两部刊行于纽约。另有《东洋的觉醒》写于前两部作品之间，但冈仓天心生前并未发表，其孙冈仓古志郎后来在整理祖父遗物时，发现并首译该文[4]。三部作品中，《茶之书》的影响最大，有法语、德语、西班牙语、瑞典语等多种译本，并入选美国中学教科书。该书在为冈仓天心赢得世界性声誉的同时，也向西方世界谱写了一曲意味深远的以“茶道”为主题的“高山流水”。

齐藤隆三在为冈仓天心作传时写道，1905 年日俄战争结束，欧美世界对日本刮目相看，但日本同时却也面临着被西方世界视为只拥有刀剑的好战之国的危险，冈仓天心于波士顿期间察形观势，遂动笔写作《茶之书》。虽然当时他身边只带一册陆羽的《茶经》，但他却凭着深厚的艺术素养，以茶道为媒介，向西方世界讲述了日本国民对艺术与和平的热爱。齐藤隆三对《茶之书》何以产生这一问

4 《东洋的觉醒》可参看笔者拙译《中国的美术及其他》（冈仓天心著）第 47—94 页，中华书局，2009 年。

题的理解，有其立足日本立场的根由。而在追求和平与入侵中国的矛盾互现中，这一说法也可视为《茶之书》问世时的历史背景的注脚。

日本茶道可谓日本的国粹之一。奈良时期，日本在中国的影响下开始饮茶，平安初期天台宗大师最澄从中国带回的茶种就种植于京都。此后经镰仓时期的荣西禅师，室町时期的能阿弥、一休禅师、村田珠光、武野绍欧等杰出茶人的不断开拓，至战乱纷繁的安土桃山时代，千利休（1522—1591）在继承村田珠光、武野绍欧的基础上，将草庵茶推向极致，茶道不仅是一种追求“和敬清寂”的精神仪典，也是一门融绘画、插花、陶器、书法、建筑于一体的艺术，千利休也因此成为日本茶道的集大成者[5]。

但是，冈仓天心写作《茶之书》时，并未历数上述的日本茶道发展史，也全然不拘泥于点茶等各种技艺的详细说明，尽管冈仓天心对此也应熟稔于心。据他的弟弟冈仓由三郎的回忆，冈仓天心大学毕业后，曾正式拜幕末著名茶人正阿弥为师学茶道。但是，此时的冈仓天心已化身为诗人，他着眼的是茶道所孕育的精神及其所包孕的美的艺

5 奈良时代（710—784），平安时代（794—1190），镰仓时代（1192—1333），室町时代（1336—1573），安土桃山时代（1573—1603）。

术世界，他几乎是倾尽了自身对东洋文化与思想的了解、对日本美术的热爱，以诗意盎然之笔娓娓而谈。他开宗明义揭示，茶道代表的是东洋民族主义的精神，而非仅仅只是一种单纯的审美主义。他追溯茶道演进的三个时期，既表达了对茶道始祖陆羽的尊崇，也感叹茶之精神在中国的衰落。他从道教与禅道去探寻茶道的精神根源，把日本茶道精神之根种植在更为广袤的东洋精神的土壤上。他对茶室的阐释，完全超越了建筑学的意义，对日本建筑精粹的理解与对茶室的简素清净的美学追求融为一体。他对艺术鉴赏的惊魂一刻的传神写意，足以令人击节而叹。他对花的顶礼膜拜，委实令人类无度膨胀的欲望之魔羞愧得无地自容。最后，他选择了茶道大师千利休的死来结束全文，犹如滔天巨浪在翻腾瞬间的戛然而止，在精神激烈碰撞的最高点上，一切都停息了。他高喊：只有美丽地活着，才能美丽地死去。他以千利休的死传神地表述了东方古代士人所追求的最高的道。如果纯粹把《茶之书》当作一部有关美的艺术专论来看，不能否认，它的确具有震撼人心的艺术力量。

1906年，日本正行走在轰轰烈烈的脱亚入欧的路途中，而中国、印度正逐步走向没落，列强的铁蹄将以更惊人、更残酷的方式践踏东方这一已然衰落的古老大地。从明治前十年间的启蒙思想家对脱亚入欧的文明开化之途的倡导、自由民权运动对民主与自由的宣扬，到明治二十年间的国粹主义的抬头、国粹与欧化路线的激烈交锋，日本国内也在一片喧嚣中渐渐汇入欧化的大潮。如同夏目漱石一样，冈仓天心此时却对人们趋之若鹜的欧洲文明持批判的态度。在他看来，西洋开化即是利欲的开化，它将有损道德之心，破坏风雅之情，它将使人只成为逐利之器，它将使贫者益贫，富者益富。1898 年之前，他尽力发挥职务之便，不遗余力地保护日本传统文化与美术。1898 年以后，他在倡导有别于欧画的“日本画”的创造的同时，走出国门的时机让他拥有了伸张自我理想的另一种利器，那就是以英文著述，面向西方世界宣扬以日本为主要代表的东方思想与艺术的精粹。

在《东洋的理想》中，他定下了三部曲的基调，那就是“亚洲是一体的”，当中国和印度这两大文明古国委靡于西方列强的暴虐侵略时，日本成了亚洲文明的博物馆，在固守自身的同时，也成为集东方文化菁华的代表，日本的艺术史也即亚洲诸种理想的历史。《日本的觉醒》是这一主题的延续，但主要阐述的是日本这一主体。《东洋的觉醒》基调高昂，对西方世界的抨击也最为激烈，他高呼东方世界的人们放弃冥想与慈悲，挥舞利剑击退敌人，因为“欧洲的光荣就是亚洲的耻辱”。可惜的是，《东洋的觉醒》被冈仓天心压在箱底，在冈仓天心生前未见天日。《茶之书》延续了对欧美文明世界的批判，但色彩已见柔和，是波士顿任职使然，还是如冈仓由三郎所言，他的哥哥是在一种“独在异乡为异客”的淡淡乡愁中，由茶事而柔和地触摸大和之心使然？或者还有别的“或者”？

显然，从冈仓天心对西方“白祸”的批判中依然能闻到未散尽的硝烟之味，但也有双方放下成见、走向互为理解与尊重的呼吁。他在茶、花与画的艺术世界中，找到了东西方共同的契合点，《茶之书》在西方世界的风靡足以说明了他的成功。客观地说，在20世纪初期东西方激烈交锋且东方处于明显弱势的大背景下，冈仓天心用英文著述，以日本的茶道来阐释东方思想与艺术之美，的确有其不可抹杀的价值。而在日本学界的部分学者看来，《茶之书》还有另一层深意。谷意先生在本书的“译后记”里说道：“夸张一点来说，这本书从头到尾，不都是作者在抒发他对生命的观感吗？”其实，这样的说法并不夸张。《茶之书》的日译者、也是冈仓天心的研究者桶谷秀昭就认为，当冈仓天心写到“茶道的本质是对一种不完全的崇拜，是我们在明知人生的不可能中，欲图完成某种可能的一种细腻的试探”时，不就是把他一生的体验都熔铸其中了吗？[6] 从某种意义上说，冈仓天心自身敏锐的美的感受力、捕捉力与强大的语言表现力，正是《茶之书》能使人抛开一切成见而深深为其感染的内在原因之一。桶谷秀昭还认为，伯牙抚琴时的激烈壮怀，天崩地裂般的龙腾海啸，如同年轻时意气风发的冈仓天心。而千利休与秀吉的对立，实则是近世爱好奢华的“黄金茶室”与爱好清寂的“草庵茶室”的对立。如果再扩而言之，可以说这也是明治时期的文明开化理论与冈仓天心的守护传统美的理论的对立；秀吉与千利休的对决，即是福泽谕吉与冈仓天心在文明观上的对决。因而，与其说冈仓天心是在批判西洋文明，不如说他是借此批评日本只热衷于模仿西方物质文明的文明开化思想。千利休以从容自绝为终结，冈仓天心在与欧化对决的过程中黯然下野，两者在精神上亦有相通之处。

千利休的死是《茶之书》的高潮，它既高度阐释了茶道的精神，也诗意地描述了东方文化面对悲惨命运时的一种宁静的达观。它或者也能引发中国读者对“不为五斗米折腰”“宁为玉碎、不为瓦全”等高标精神的联想。实际上，《茶

6 为了便于说明桶谷秀昭的观点，本句由笔者直接译自桶谷秀昭的日译本《茶之书》，见收录英文本的《茶之书》，讲谈社学术文库，1994 年。

之书》能引发中国读者思考的地方应不只这些，在为日本茶道艺术之美所吸引的同时，那些评析茶道在中国衰落的字句往往也能刺痛我们的眼睛，“日本在满洲战场杀害了无数生灵”的只言片语则隐藏着一段古老中国的悲怆记忆。我们可以欣赏日本茶道的美，我们可以共同品味艺术殿堂里的人类思想与艺术的精华，然而，当冈仓天心满怀深情地守护“大和之心”时，难道我们不也应当好好守护我们的“中华之心”？

蔡春华

日本一桥大学国际交流会馆

2009 年 11 月 27 日

蔡春华，福建师大文学院副教授，硕士研究生导师。2002 年获复旦大学比较文学与世界文学博士学位，2002—2004 年为苏州大学文学院博士后，2009 年 9 月至 2010 年 2 月为日本一桥大学言语社会研究科客座研究员。主要从事中日文学文化比较研究，著有《中日文学中的蛇形象》（上海三联书店，2004 年）、《现世与想象——民间故事中的日本人》（宁夏人民出版社，2004 年）、《中国的美术及其他》（译著，中华书局，2009 年）。曾独立承担国家社科基金青年项目“冈仓天心研究：东西方文化冲突中的亚洲言说”的研究。

序一

一碗人情，百年茶典

冬阳煦暖的午后，麻鹰在海畔悠悠盘旋，我坐在窗边捧读这本《茶之书》，但觉心怡神荡，通体轻盈，思维乘着阳光的金丝，飘然远举，缓缓脱离这海隅小岛，像麻鹰般飞到天际，鸟瞰山海，纵览人世。原本零敲散打、琐碎芜杂的世界，忽而变得平滑完整，轮廓脉理鲜明，你俯仰其间，游目四顾，于是看得更加开阔清楚。好书的魅力，大抵如是。

1906 年，冈仓天心以英文写出《茶之书》，向西方介绍东方的茶道文化，这本小书仅只百来页，轻巧纤薄不盈一握，分量却如泰山磐石，历久弥坚。一百多年来，《茶之书》不断新刊重印，流传世界，除了各种英文版，还有德文、法文、瑞典文等版本，而由英文译回的日文版，更有多种译本，可见其经典地位。至于中文版，就我所知，近二十年来，《茶之书》至少有四种不同的繁简体译本，加上这本新译的版本，意义尤其特殊。

然而，茶叶不是中国人的文化遗产吗？为什么要看一个日本人用英文写，而且还是一百年前出的茶书？

答案很复杂，但也很简单：因为中文世界里，没有出现这样的一本书。中国虽有连篇累牍的茶经茶典、茶谱茶话茶录，却没有一本像《茶之书》这样，能以精简如诗的文字，深入浅出，宏观远照，除了勾勒茶史梗概，溯探茶道的核心精神，阐发个中的美学意境之外，还能评比欧亚，论衡东西，具有强烈的文化观点。

南方有嘉木，茶叶发源于中国，华人是最早喝茶的民族，自古迄今盛行不衰，喝茶人口跨越阶层地域，上者细品佳茗，下者抱着玻璃茶罐咕咕牛饮。茶与“柴米油盐酱醋”并列，固是居家必备之物，在儒家传统中，却也被视为口腹琐事，顶多是文士的闲情雅兴，风花雪月无关志业，饮馔小道不登堂奥。

但是冈仓天心的《茶之书》，却把世俗形下的饮馔之事，提升到空灵美妙的哲学高度，甚至是安身立命的终极信仰。

茶与茶道，反映出迥异的文化态度。茶叶虽然原产中国，唐代才传入日本，八百年后，却从饮料脱胎换骨，演化成“和敬清寂”的茶道，晋升为一门生命美学，试图在庸碌琐碎的日常生活里，淬炼出精纯完美。

《茶之书》以“一碗见人情”破题，生动描述茶道的本质特性，开宗明义就指出：

> 茶道是一种对“残缺”的崇拜，是在我们都明白不可能完美的生命中，为了成就某种可能的完美，所进行的温柔试探。

茶道表面是美学仪式，内里则渊远流深，奠基于道家和禅宗思想，冈仓天心不惜用两章篇幅，深入阐释茶道的流派和精神奥义。他把中国茶史分为三个时期，唐代的煎茶是古典主义，宋代的点茶是浪漫主义，明代的淹茶则是写实的自然主义，不同的泡茶方式，体现出不同的情感和时代精神。

茶叶、道家和禅宗，都发源于中国，中国也有过讲求境界的茶道，只是时代断层造成文化裂变。冈仓天心认为，元代之后，中国因异族入侵，经历兵燹战乱，颠沛动荡，致使礼俗隳坏流失。日本反而承传唐宋古礼，并把禅学融入茶事，在15世纪形成茶道。

冈仓天心形容：

> 对晚近的中国人来说，喝茶不过是喝个味道，与

任何特定的人生理念并无关连。国家长久以来的苦难，已经夺走了他们探索生命意义的热情。

他说，中国人喝茶，已失去唐宋的幽思情怀，变得苍老又实际，成了“现代人”（He has become modern）。

这里的modern，需要解释一下。不管翻译成现代、摩登或者时髦，这个字眼大半是正面的，意味着新颖进步。然而早前并非如此，英国文化学者雷蒙·威廉斯（Raymond Williams）指出，此字在19世纪之前的用法，大部分具有负面意涵。冈仓天心此书虽写于20世纪初，却沿用modern的旧有语义，含有功利实际、市侩伧俗的贬义。

然则项庄舞剑，意在沛公，冈仓天心的析论与批评，并非针对中国，进行褊狭的民族文化论战，反而是同盟联手，把中国、印度和日本文明等量齐观，以亚洲抗衡现代西方，展开文化的反击批判。

面对西方的无知与误解，他几乎是气急败坏：

西方究竟何时才能够，或者才愿意理解东方呢？……要么不是把我们想成以莲花的香气为生，要么就是相信我们以蟑螂老鼠为食。

冈仓天心的“现代”，是日本的明治时期，欧美列强横霸世界，西风压倒东风，东亚传统饱受蹂躏摧折，引发各种维新改革，其中影响最大的，当然是福泽谕吉的“脱亚论”，他主张“文明开化”，全面学习欧西文明。冈仓天心却主张“兴亚论”，提出“亚洲一体”（Asia as one）的宏观概念，以“爱与和平”的东方精神，抗衡西方的物质与机械性。

《茶之书》除了是茶道的入门手册，更是亚洲文化的答辩书。好在冈仓天心到底是美术家，不以滔滔理论高谈雄辩，而以优美的文笔和意境，巧譬善喻，引人入胜，藉由介绍茶道的建筑、艺术鉴赏、花艺以及茶人风范，具体演绎东方的精神文明。

茶室是简朴素雅的“不全之所”，艺术是性灵的交流呼应，花草需要珍惜礼敬，而茶人不只在生活中贯彻茶道的唯美精神，更不惜生死与之，以身殉美。冈仓天心以“千利休的最后茶会”收尾作结，把美感推向决绝悲壮的最高点：

> 唯有以美而生之人，能以美而死。伟大茶人的末日，如同他们此生其他的时刻，尽是高雅动人。

这种近乎宗教的心态，早已和茶无关了，茶就像庭园、插花、陶器等事物，只是通往“道”的工具，到岸舍筏，最终要完成的是生命境界。《茶之书》的迷人之处，就是写出了茶道的美感境界。

一百年后的21世纪，现代文明和东西冲突，早已历经几番风雨，当“后现代”都不再摩登时，这本书反而别有新意。在这个高度专业的时代，学科分类日趋繁细，像《茶之书》这种博物学式的著作，早成广陵绝响。冈仓天心学贯东西，深谙汉文和英语，在文学、历史、艺术、哲学等领域纵横穿梭，笔走龙蛇，来去自如，气势如长江大河。

冈仓天心文笔优美，《茶之书》的英文原作有如散文诗，清简隽雅，流丽可诵，然而译起来并不容易，这一中译本除了力求典雅，注释上也花了不少功夫，嚼饭哺人又添养分，更是难得。

台湾作家　蔡珠儿

2008年12月25日

蔡珠儿，台湾地区南投人，台湾大学中文系，英国伯明翰大学文化研究系研究所毕业，曾任记者多年，现居香港。著有散文集《花丛腹语》《南方绛雪》《云吞城市》等书，曾获得台湾地区第二十届吴鲁芹散文奖。

序二

高冈仓松照天心

五浦在茨城县东北端，从东京上路，奔驰两小时就到。东临太平洋，松林苍莽，波涛浩渺。风景殊佳，而冈仓天心在此度过自号“五浦钓徒”的晚年，更使它出名。天心有一首《五浦即事》：“蝉雨绿沾松一邨，鸥云白掠水乾坤，名山斯处托诗骨，沧海为谁招月魂。”横山大观画过《五浦之月》，画面当中是天心构思的六角堂，太平洋波涛仿佛被浓墨的断崖苍松镇住了，在淡淡的月光下一片宁静。这里有“天心美术馆”，是1997年落成开馆的。

冈仓天心，多么有诗意的名字，也许由这个名字，一般日本人如今已联想不到东京艺术大学，联想不到年年办院展的日本美术院，但是会想起一本读过的书《茶之书》，这是使日本文化走向世界的书，也能让日本人以及东方人认识自己文化的书。

天心生于 1863 年。父亲在横滨经管生丝等物产出口，得风气之先，把七岁的天心送进美国人开办的学校学英语，而他属于武士，教养的标准仍然是汉文，所以同时让天心跟长延寺住持读汉学的四书五经。天心十三岁成为东京大学一期生。十七岁结婚，无知的娇妻豹变为妒妇，竟然一把火烧了他的毕业论文，写的是“国家论”。匆匆用英文重写，却变成一篇“美术论”，这就是他一生致力于振兴日本美术的起点。踏入美术界，更缘于一位美国人，叫费诺罗萨，日本聘来教政治学，却爱上东洋美术，从奈良寺庙供奉的菩萨油然遥想罗马皇帝的雕像，乃至发表“美术真说”，贬斥西洋画，把日本画捧上天。这么个老外，未必把日本近代化放在心上，猎奇般追求的，就当时日本来说是过时的东西。天心给他当通译，也渐渐对日本及东洋美术满怀兴趣，好似上了贼船，反潮流简直是注定的了。

明治的文明开化，向西欧一边倒，天心认为是“利欲之开化”，“文明乃精神战胜物质之谓”，奋力抗拒时代的思潮。走在美国大街上，故意穿和服招摇，说美国没什么可学的。在欧洲听了贝多芬的第五交响曲，放言这大概是西洋唯一能胜过东洋的艺术。不过，终究在文明开化的环境中长大成人，看似国粹主义者，其实骨子里是一腔的东西方兼收并蓄，若不偏巧遇到费诺罗萨，比“脱亚”的福泽谕吉有过之而无不及，亦未可知。他曾对儿子说：“俺自从第一次出洋，大都穿和服通行欧美。你们若是有自信英语说得溜儿，去海外旅行也最好穿日本服装。但语言一塌糊涂，穿和服走路，那我是极难赞成的。”这就是说，掌握了西方文明，就有了底气，才可以排斥它，挽东方文明于既倒。

明治独尊神道，废寺毁佛，很多佛教美术品被破坏，或流失国外。天心毕业后就职文部省，上司九鬼隆一颇给以青眼，派他和费诺罗萨三下京都奈良调查古社寺。这项工作使天心见识日本美术之美，也省悟要保护传统美术，保护文化遗产。又奉命跟费诺罗萨赴欧美考察美术教育一年，归国后筹建东京美术学校（今东京美术大学），1889 年开学，翌年任校长。讲授日本美术史，草创这一门学问，培养了横山大观、下村观山、菱田春草等一代画家。少年得志，俨然实现了学生时代的梦想：“豪然跨鹤上青空，一笑吹成下界风。”但是，逆潮流而动，独断专行，自不免招人反感，1898 年被迫挂冠而去。一群人追随，联袂辞职，以他为大旗另立山头，成立日本美术院。当时大观画了一幅《屈原》，只见烟云倒卷，鸩雀翻飞，屈原手持香草，眼皮沉重，目光却犀利，画的就是被逐出东京美术学校的天心。在天心启发下，大观、春草等人打破以线描为生命的传统，用没骨的色彩表现空气、光线，画法一新，但世间不接受，贬为“朦胧体”，画院经营维艰。文学家松本清张写过《冈仓天心》，副题是“其内在之敌”，敌是“他意志薄弱，性情多变”，“从另一面来说，就是他‘天才的’自以为是，不负责任”，这种人一旦下台便落入孤立无援的境地。

天心采取的是逃避，一走了之。1902 年出游印度，却变身为另一个天心，向西方弘扬日本及东方文化的天心。他曾于 1893 年游历中国，是去做美术调查，看到“孤影平沙秦汉月，斜阳残塔隋唐秋”，看到“除却英雄美人墓，中原必竟是荒原”，感叹“只手难支天柱危，乱山无主杜鹃愁”；就是这一年，印度卓越的宗教改革家辨喜在芝加哥的世界宗教会议上做了一通轰动美国的演说。天心结识了辨喜，跟随他云游。在中国，天心为东方文化的衰落而哀伤，在印度，辨喜及民族主义诗人泰戈尔的启示与影响激发他，情绪昂扬，用英文撰写《东洋的理想》，1903 年在伦敦出版。其实他此前还写了《东洋的觉醒》，但压在箱底，去世二十年后被发现。此稿第一句是“亚洲的兄弟姊妹们”，显然学辨喜的芝加哥演说“美国的兄弟姊妹们”。《东洋的理想》一书亮出了亚洲主义思想，写道：“亚洲是一个。喜马拉雅山把两个强大的文明——孔子大同主义的中国和吠陀个人主义的印度分开，只是为强调两者各自的特色而已。冠雪的障壁须臾也不能阻挠对‘极致与普遍’

的广泛的爱。这种爱是所有亚洲民族共同的思想遗传，使他们能产生世界所有的伟大宗教。有别于他们，地中海和波罗的海沿岸各民族执着的是‘特殊’，好探求手段，而不是人生的目的。”那么，就拿茶来说，茶对于后世中国人不过是可口的饮料，不再是理想。国家的长年不幸夺去了人们探求人生意义的热情，他们变成折中主义者，殷勤地接受宇宙的因习，玩弄自然，却并不拼命去征服或崇拜。茶是好东西，常常发出花一般的芳香，那茶碗里却看不见唐宋的浪漫了。而日本呢？日本亦步亦趋跟在中国文明之后，15 世纪茶道在日本定型，从中可见茶理想的顶点。日本成功击退了蒙古入侵，宋文化得以在列岛延续。于是乎，茶乃至东洋文化的盟主当然就该是日本。

“亚洲是一个”，还有在《东洋的觉醒》中提出的“欧洲的光荣是亚洲的屈辱”，由这两个命题，现代中国文学研究家竹内好替天心推导出第三个命题，即“亚洲在屈辱上是一个”，认为这就是天心思想的核心。但屈辱是不一样的，命运并不是一个。天心同情英国压迫下的印度民众，对日本侵略朝鲜及中国则不置一词，暴露其亚洲主义的实质性矛盾。恐怕天心的屈辱感，主要是来自中日甲午战争后俄法德三国对日本占领辽东半岛的干涉。思想史学家丸山真男说，福泽谕吉拥有彻底的散文精神，而天心的生活态度和构思方式压根儿是诗人。天心的思想游离于现实，与时代脱节，这是与福泽谕吉根本不同的，也是终归失败的原因。“亚洲是一个”的思想很“朦胧”，结果就轻易被政治利用，使他变成了“大东亚共荣圈”的先觉，为“八纮一宇”作伥，以致战后大名一度跟法西斯主义一起被遗弃。历史却像是轮回，曾几何时亚洲主义以各种面貌再度抬头，例如石原慎太郎和马来西亚总理马哈蒂尔合着，又鼓动“亚洲对欧美可以说NO”。看来还是冈仓天心要高过蔑视亚洲的福泽谕吉，如若把他的肖像印上万元大钞，或许亚洲人更爱日元。

日本与俄国争霸的1904年春，天心率领三名铁杆弟子大观、春草和六角紫水（近代日本漆工艺先驱）访美，举办展览。《纽约时报》刊登“日本美术的伟大评论家们”的消息，而当天第一版报道的是“日本战胜海参崴舰队”，难怪天心在有如涓涓溪流给人以静谧之感的《茶之书》中会像是没来由地愤激：日本沉溺于温文尔雅的和平的技艺时西洋人常视为野蛮，而日本在满洲战场大屠杀以后西洋人就说日本文明了。他是美的使徒，给美国带来的是东方文化。波士顿美术馆请他整理馆藏日本美术品，后来更聘为中国日本美术部的部长，主要工作是购藏日本画、中国画，宋徽宗摹本《捣练图》就是他从中国搜购去的。1904年在纽约出版《日本的觉醒》，1906年又出版《茶之书》。为什么写这么一本关于茶的书，却是个不解之谜。说法之一，天心在波士顿获得大富豪加德纳夫人的庇护，此书本来是讲演给她们听的底稿。他曾为加德纳夫人演示茶道，赠送过茶具。据六角回忆，若无此夫人后援，出版《日本的觉醒》连想都不要想。《茶之书》出版后，席卷美国，不仅知识人推崇，而且选入中学教科书，又越海普及欧洲，冈仓之名叫响全世界。

《茶之书》是茶道入门，虽然今天的茶道研究家能从中找出不少的谬误；又是以道教思想为中心的东方思想入门，不过，天心常常把道家与道教混为一谈；它还是艺术论。天心倾心于老庄，认为道教构成美学理念的基础，禅使之具体化。他说，老子主张事物的真正本质只在于空虚，譬如房屋的实质不是屋顶和墙壁，而是它们所围成的空空如也的空间。说到茶室“数寄屋”，他用谐音把汉字置换为“好屋”和“空屋”，“好”是趣味，因趣味而建，“空”是室徒四壁，不用多余的装饰，这小小草庵便有了道——“茶道是化了装的道教”。

天心是天才的演说家，恐怕算不上著述家，尤其有意思的是，包括《支那旅行日志》在内，所有的书都是在国外撰写的。莫非日本不听他的，大失所望，转而向世界倾诉。评论家三宅雪岭说："钟有两种，西欧的钟里面有锤，从里面响，日本的钟从外面用木杠撞响。"天心是西欧钟，1929年岩波书店翻译出版《茶之书》，声响终于传到了日本。比天心晚生几年的夏目漱石是专攻英国文学的，但英文对他的感受性却构成威胁，而天心的英文得心应手，表达感情比日文更自由。天心有一个弟弟是颇有名气的英语学家，据天心之子说，乃父的读和写都胜他一筹。天心写英文，写汉诗，日文写作则相形见绌，因而在日语环境下鼓不起写作热情也说不定。

1905年天心在五浦海岸居住，翌年把日本美术院绘画部门搬来，称五浦是"东洋的巴比松村"，以之为创造近代日本画的据点。他往来于五浦与美国，每年只半年在五浦，处于退隐江湖的状态。大观等人随天心迁居五浦，创作出近代美术史的名作，"朦胧体"渐成为日本画主流。风景这边独好，却远离人里，远离画坛，寂寞难捱，大观们经常以买笔买纸为借口去东京游荡。

天心倜傥风流，特别爱奇装异服，经常穿道袍，为东京美术学校师生设计的制服是传说的圣德太子样式。他"爱花爱月爱蛾眉"，任东京美术学校校长的时候和九鬼隆一之妻偷情，闹得满城风雨，这也是他不得不走人的原因之一。1912年第二次去印度，认识了一位会写诗的寡妇，半老徐娘，是泰戈尔的远亲，回国后青鸟殷勤，挥洒了十九封情书。当然用的是英文，但对于他来说，言志抒情还得是汉诗，所以信上附有“异样的文字”——七绝：“相逢如梦别经年，手抚孤松思悄然，岩上侧身夜萧飒，流星一点入南天。”

流星不曾入南天，转年，泰戈尔作为亚洲人第一个获得诺贝尔文学奖的1913年，天心带着微笑去了未知的国度。三年后泰戈尔访问五浦，穿上天心遗留的和服摄影留念，并写了诗：

你的声音
朋友啊
在我胸中回荡
侧耳倾听
犹如丛林间
那低沉的海响

知名旅日学者　李长声

李长声，1949年生于长春，曾任日本文学杂志副主编。1988年侨居日本，一度专攻日本出版文化史。自励“勤工观社会，博览著文章”，在海峡两岸出版随笔集《四帖半闲话》《居酒屋闲话》《风来坊闲话》《浮世物语》《日下书》等，翻译小说《隐剑孤影抄》《黄昏清兵卫》等。

一

The Cup of Humanity

一碗见人情[1]

本质上，茶道是一种对“残缺”的崇拜，是在我们都明白不可能完美的生命中，为了成就某种可能的完美，所进行的温柔试探。

开始是作为药方，慢慢却成了饮品，在8世纪的中国，茶，更以上流社会的风情雅致，步入了诗句的殿堂。15世纪时，日本则将其晋升为一种唯美的信仰[2]——茶道。盖日常生活的庸碌平凡里，也存在着美好——对这种美感的仰慕，就是茶道茁生的源由。在纯粹洁净中有着和谐融洽，以及主人与宾客礼尚往来的微妙交流，还有依循社会规范行止进退，而油然生出的浪漫主义情怀[3]，这些都是茶道的无言教诲。本质上，茶道是一种对“残缺”的崇拜，是在我们都明白不可能完美的生命中，为了成就某种可能的完美，所进行的温柔试探。

日本画作

提到茶的哲学，人们不会只想到唯美的精神。这个词所传达的，是我们整套融合伦理与宗教的天人观：它要求卫生，坚持洁净；它在简朴中见自在，无须排场铺张；它帮我们的感知，界定了万物彼此间的分际，在这个意义上，它是一套修身养性的方圆规矩[4]；它还代表着东方民主的真谛，因为不论原本贵贱高低，只要你是茶道信徒，就是品味上的贵族。

长期以来的与世隔绝，让日本孤芳仍需自赏，这自然有助茶道的发展。日本人从居家摆设到生活习惯，衣裳服饰到烹调饮食，还有瓷器、陶器、绘画，甚至最地道的日本文学，无一不受茶道的影响。有心深入日本文化的人，绝对会察觉茶道无所不在。它既居身贵妇深闺的典雅风范，也进出寻常百姓之家。它让庄稼田夫通晓花草摆设，也让粗工鄙人领略山水造景。在日常用语中，若是有人无能欣赏人生大戏苦乐参半、亦庄亦谐的个中趣味，会被说成是“肚中没有茶水”[5]。相反地，对世间疾苦视若无睹，只知耽溺于波涛汹涌的情绪，而我行我素的人，则会被冠上“茶水太多”[6]这样的说法。

的确，局外人多半不懂我们为何要如此无事生风。他会说：这根本是个茶“碗”风暴[7]嘛！然而，人生的喜乐毕竟只有那么小小一“碗”，很快就会满溢出泪水；对永

恒的无尽渴求，又多么使我们不意将其喝干饮尽。只要一这么想，就实在不用责怪吾人，要在一碗茶上大做文章。真要比较，还有其他更糟糕的。在对酒神的崇拜中，人们献祭得太过夸张；甚且，人们过度美化战神的光荣形象。真要如此，为何不奉茶花女[8]为我们的女王，在她祭坛前流泻而出的温情中欢庆呢？只要就着象牙白瓷装盛的琥珀茶汤，新加入的信徒们便可以一亲孔子甘甜的静默寡言、老子奇趣的转折机锋，以及释迦牟尼本人的出世芬芳。

人们如果不能对己身不凡之处，复又感到渺小，多半也就无法察觉他人平凡之中的伟大。一般的西方人总是志得意满，茶仪在他们的眼中，只是另一个《一千零一夜》的故事，用来建构他心目中的东方，是多么诡异与幼稚。当日本沉浸于优雅和平的技艺时，他们一贯视日本为蛮夷之邦；一直到日本在满洲战场杀害了无数生灵，才改口称日本是文明国家。西方世界近来对日本的兴趣[9]，也只是针对“武士道”——这项让日本军士对自我牺牲如痴如狂的“死的艺术”，却很少注意到深深代表“生的艺术”的茶道。如果必须要藉由战争的凶光，才能被视为文明，那我们乐于永远野蛮。如果终有一天，我们的技艺与理念将受到应得的尊敬，我们也乐于继续等待。

西方究竟何时才能够，或者才愿意理解东方呢？西方总是用某些事例，加上各种幻想，在亚洲人身上，织起一层层怪奇之网。其内容时常令人悚然以惊，要么不是把我们想成以莲花的香气为生，要么就是相信我们以蟑螂老鼠为食。我们的形象不是狂热迷信，而不愿觉醒；就是沉溺于最低下的感官享受，而不图振作。笑印度的灵性修炼为无知；讥中国的中庸之道为愚蠢；而日本的爱国精神不过是自愿受命运摆布罢了。甚至还认为亚洲人由于神经组织麻木迟钝，所以比较不会感到痛楚！

你们西方人，若想找这类乐子的话，何不也让我们提供一些？亚洲人可是有“恩”必报的。只要看看在我们的故事与想象中，你们又是什么模样，不就有更多的笑料了吗？这些形象，同样也充满了因为观察角度而产生的迷魅，同样也带着不经意流露而出的崇仰，更暗藏着对新奇事物与未知领域的敌意。附庸于你们身上的美德太过高尚，无法吸引我们钦羡；而加诸在你们身上的罪孽又过于离谱，无须劳费我们追究。古时候的智者曾写道：西方人生有毛茸茸的尾巴，只是平时把它藏在衣物之下，而且时常以新生婴儿熬成肉汤为食。这样够糟了吗？不，真正糟糕的是这个：过去，我们一直认为你们是世界上最不实在的人们，因为在传闻里，你们永远光说不练。

如今，这类误解在我方这边正迅速消失。为了交易所需，欧洲各国的语言在每个东方港口流传。亚洲的青年们群集至西方大学，以求一亲现代教育的芳泽。即使尚无能力深入西方文化的核心，至少我们有颗好学的心。我有些同胞，对于你们的习俗和礼仪不假思索地接受，误以为穿起硬领衫，戴上高礼帽，就完足了西化。这样矫揉造作固然可悲，却表现出愿卑躬屈膝以求的心意。遗憾的是，西方一直以来的心态并不利于了解东方。基督教的传教士，只愿来这里赐予我们什么，却不愿从我们这里领受什么。对东方的了解，就算滤去旅人过客提供的奇闻轶事，欲以我们的文学佳作为镜时，却又毁于拙劣不堪的翻译。能够像拉夫卡迪奥·赫恩[10]，或是像《印度人眼中的生命奥秘》[11]之作者一般，愿意怀着将心比心的情感秉直而书，以手上之笔充作火把，将东方神秘的黑暗驱去，这样的人总是极为少数。

我这番话是如此不留情面，也许泄露出自身的茶道修为竟是何等浅薄。言谈应对，过犹不及，正是茶道中“礼”的精神。但我志不在当一位有礼的茶人，毕竟新世界与旧世界之间长久以来的互相误解，已经造成太多的伤害，若有人愿意为此奉献心力，应无须因此道歉。俄国当初若肯降尊纡贵，多了解日本一些，揭开20世纪的序曲，当不会是那血淋淋的日俄战争。对东方问题的蔑视与无知，换来的是多么惨痛的人命代价！欧洲帝国主义煽动“黄祸”[12]一词时，既无视如此想法之荒谬无理，也未曾了解到，亚洲人终会有认识“白害”[13]残忍之处的时候。看到以上种种，也许你们会笑我们是不是“茶喝太多”啦，但难道我们就不会怀疑，你们是不是“没喝过茶”[14]呢？

让我们收起攻讦抹黑的话语吧！各自只能拥有半个地球[15]，就算不觉得不满，也要知道不足。发展的路线即使殊异，也没有理由就不能彼此增益。君不见，以内心的平

静舒适为代价，你们取得了扩张；虽然无法抵抗侵略，我们却创造了和谐圆满。所以你相信吗，在某些角度上，东方的确是胜过了西方！

不过也够奇怪的，到目前为止，东西方彼此差异的人心，却是在茶碗中，才真正地相知相遇。各种属于亚洲的礼仪典范，只有茶得到普世的尊敬。白人对于我们的宗教和伦理嗤之以鼻，却对这颜色一点也不纯白的饮料趋之若鹜。下午茶已是西方现下重要的社交活动。从杯盘瓶罐清脆的碰撞声，女主人殷勤温柔的进茶声，以及需要奶精砂糖否的日常问候中，都让人明白对茶的礼拜，已经无庸置疑地建立了。参与茶会的宾客愿意将等在自身前方的未知命运，交给杯底茶叶呈现的晦涩图形，而非理智与哲学来显明，无疑宣誓了此情此景中，东方的精神才是至高无上。

欧洲关于茶事年代最早远的记录，相传出自一位阿拉伯旅人的言谈之中。在他的话中曾经提到，公元 879 年时，中国广东一省的主要税收，乃是盐茶之税。而马可 · 波罗[16]在游记中也写道，1285 年时，曾有一位中国的财政官员，因为擅自提高茶税征赋而被免职。欧洲人一直到地理大发现时代，才开始对处于世界另一边的东方，有了较深的认识。16 世纪末年，荷兰人把如下的消息带回了欧洲：东方农民们所喝的饮料，是采取树上的叶子泡制而成的。在旅人们的记录中，例如乔万尼 · 巴提斯塔 · 赖麦锡[17]于 1559 年、阿尔梅达[18]于 1576 年、马费诺于 1588 年、塔莱拉于 1610 年[19]，也提到种种茶的点滴。同样在 1610 年，荷属东印度公司的船，首度将茶叶带进了欧洲。1636 年，它来到法国；1638 年，足迹踏上了俄罗斯；1650 年，英国终于迎来了这款“受到所有医生认可，来自中国的绝佳风味，中国人自己称它为茶，其他国家叫它 Tay，也就是 Tea”的饮料[20]。

如同世上所有的美好事物一般，茶在传播过程中也曾遇过阻碍。1678 年时，亨利 · 萨维[21]曾主张喝茶是种肮脏的习俗。强纳斯 · 汉威[22]在 1756 年那篇《论茶》中写道：养成喝茶的习惯后，男人们失去了仪表，女人们失去了美貌。其所费不赀（一磅约十五或十六先令[23]），让平民百姓自始就无福消受，因而“茶是标榜上流社会的娱乐享受，并且成为王公贵族的社交赠礼”。尽管受到这样的阻力，喝茶一事依然以惊人的速度流传开来。18 世纪前半时，伦敦的咖啡馆实际上已经成了茶馆，更是像艾迪逊与史提勒[24]这般文人雅士，在“茶碟”上悠闲度日的去处。不用多久，茶也普及成为生活必需品，也就是说，可以向它征税了！提到这件事，便可联想到茶是如何左右现代史的发展：美洲殖民地之所以忍无可忍，决定向英国揭竿起义，正是由于后者对茶课以重税所致。民众将茶叶货柜推落波士顿湾底以示抗议，更被视为美国独立的开端[25]。

茶的滋味品尝起来，让人无法不对它心向往之，而其层层展开、细致微妙的魅力，让它对此爱慕也当之无愧。西方幽默作家[26]很早便知将茶的芬芳香气，混入自己笔下的醍醐之味。它不似葡萄酒那般傲慢自大；不像咖啡那样自顾自怜；更没有可可那种假天真。早在 1771 年时，《观察者》日刊便说道：“因此，我要特别与所有作息规律的家庭，分享以下心得：每天早晨，请拨出一个小时，一起享用一顿面包与热茶的早餐；同时，我也诚挚地向这么做的人推荐，每日准时送至府上的本刊物，将是您喝茶不可或缺的良伴。”塞谬尔·强森[27]亦将自己描绘成“对于喝茶一事，冥顽不灵，然不以为意，二十年来无饭不佐以茶；以之消磨午后，以之慰藉夜深，以之欢迎早晨”。

查尔斯·兰姆[28]曾写道“就我所知，不欲人知之善，却不经意为人所知，乃是最大的喜悦”，这段话已深得茶道三味，不愧其身为茶之信徒。隐而未显的美感，非经发觉无法得到；有所保留的表现，却能透露出一切；茶道，正是这样一种技艺。它是一种高贵的手法，让你能够平静而真诚地幽自己一默，这恰恰是幽默的本质：富含哲思的笑意。在这个意义上，每个货真价实的幽默作家，都可以被称为富有茶思者[29]，萨克雷[30]如此，莎士比亚当然亦如是。那些向物质主义提出抗议的颓废派[31]诗人（这世界什么时候又不颓废了？），某种程度上也体现了茶道精神。也许，正是领悟了自身缺陷的谦抑思想，才让东方与西方如今能在相互安慰中相遇。

道教徒说，在太初之始[32]，精神与物质展开了一场你死我活的战争。最终，来自天上、太阳化身的黄帝，战胜了来自地底、黑暗化身的恶魔祝融[33]。身形巨大的祝融，受不了死前的痛楚，一头撞在天顶上，整面玉制的蓝天因此震为碎片[34]。众星因而失去居所，月亮也只能随处漫游在夜空中的嶙峋裂缝之间，不知所终。束手无策的黄帝，上穷碧落下黄泉地寻找能够补天的人，终于皇天不负苦心人——头生角，尾似龙，身着火焰盔甲，光彩夺目的女娲，自东海翩然而至[35]。她既是当地的皇后，也是神圣的女神。凭其神奇的炼炉，焊出五色彩虹，终于靠它让中国重获苍穹[36]。不过也有人说，无穷蓝天，女娲终究漏了两个小洞[37]，因此乃有爱恋之阴阳：两个灵魂，在虚空中流转，从不停歇，一直到它们彼此结合，才使得宇宙能够完整[38]。我想，人人都应该用希望与平静，为自己重新打造一面天空。

时至现代，对财富与权力的你争我夺，犹如希腊神话中的独眼巨人一般凶残，确实已经粉碎了人心的天空。一切是那么自私唯我与俗不可耐，世界只能在此阴影中摸索前进。知识以放弃良心为代价，为善则以有利可图为条件。东方与西方，如同两尾被弃置于翻腾怒海上的龙，拼命想夺回属于生命的珍宝，但却又徒劳无功。我们需要再有一位女娲，填补金玉其外的荒芜内在；我们等待再有一位神仙下凡。但与此同时，让我们轻啜一口茶吧！午后的阳光照亮竹林，山泉的欢欣跃于水面，沙沙作响的是松树，还是壶中的沸水呢？就让我们渴望无常，而非无限；只不过，当事物之美横现眼前，若是我们痴傻不愿离去，却也难免。

注释

1　原文为“the cup of humanity”，本书乃作者以英文写作而成，而翻译时所使用之英文原本，系由东京研究社出版，并附有村冈博（Muraoka Hiroshi）所做之注释。村冈式针对此标题，以日文“人情の碗”来加以说明。按，日文之“人情”，意义的确可等同于中文之人情，同时也能够作为英文“humanity”之适译。唯不论humanity或人情，皆为多义词，可泛指人性、人道、人类、人文等等，甚至在中文中，人情更可附合于不同名词成为四字成语，而异其意义，例如“人情冷暖”“天理人情”“风土人情”等等。故本书虽沿用“人情”之译法，但读者们可在阅读完本章及全书后自行体会，此书此茶究竟言及何种“人情”。

2　原文为“religion of aestheticism”。“aestheticism”一词国内多译为审美主义或唯美主义，在艺术与文化领域有其特定意义。然本书既非学术著作，茶道与西方唯美主义之内容亦不可能直接等同，此处应仅在借用（严格意义之）唯美主义“为艺术而艺术”之主张，点出茶道“为美而美”的精神，故仅译唯美。

3　原文为“romanticism of the social order”。“romanticism”本应专指浪漫主义，但此处与前注类似，作者应仅在借用（严格意义之）浪漫主义对历史传统、文化习俗（甚至是对民族主义的强调与重视？），来模拟茶道的内容特色。

4　原文为“moral geometry”。西方几何学特色之一，在于推论必须依循其公设定义，作者借来比喻本段所谓，茶道“界定”万物分际之意义。“moral geometry”为西方道德哲学（伦理学）之术语，泛指以道德公设进行道德推论之学说或主张。然而此处若直译道德几何学，当给人格格不入之感。盖东方文化之天人观，于西方并无完全对应之名词，近似者或许唯伦理（ethics）一词而已，故以方圆规矩试译之。

5　这句日文俗语的原文是“茶 がない”。

6　这句日文俗语的原文是“茶 がありすぎる”。

7　原文“a tempest in a tea-cup”为英文谚语（同“a tempest in a teapot”，中文媒体似较常引用后者，译为“茶壶风暴”），意义正好就是“小题大做”，作者此句有一语双关之妙。

8　原文为“the Queen of the Camelias”，让人联想到小仲马之名著 *La dame aux Camélias*（即《茶花女》），故以此模拟译之。

9　本书成书于20世纪初（1906年），距日本开始大量与西方世界交流，尚未满四十年。各位读者于阅读本书时，可能需要时时回想其写成之时代背景。

10　Lafcadio Hearn（1850—1904），日本名小泉八云。出生于希腊，1896年归化日本，著有《怪谈》一书，为日本怪谈文学之鼻祖，对当时日本与西方之间的文化交流有贡献。

11　*The Web of Indian Life*，作者为爱尔兰人 Margaret Elizabeth Noble（1867—1911），皈依印度教时获赐教名 Nivedita。生前于印度致力于改善当地人生活，支持印度独立运动，并提倡泛印度民族主义。

12　这是个具有歧视意义的名词，呈现出殖民主义时期以来，欧美各国对亚洲民族的怀疑与不安，常用于表示亚洲对西方世界在任何方面的威胁或胜利，以小说《黄祸》(*The Yellow Peril*)及德皇威廉二世所绘之漫画为其著例。

13　原文为“White Disaster”，为作者创来对应黄祸的说法。

14　此处原文为“having too much tea”与“have no tea”，虽然貌似前面出现的“with too much tea in him”与“with no tea in him”（此即“没有茶气”与“茶气过盛”两句），然毕竟不完全相同，行文上为何出现此一细微变化，恐怕非起作者于地下不能得知。在无法肯定下，乃亦以些微不同的译法来代换，由读者自行思考领会。

15　原文实为“半个半球（half a hemisphere）”，猜想是作者已将南半球略去，然为阅读方便之故，在不损其意下改译半个地球，特此注明。

16 Marco Polo (1254—1324)，意大利威尼斯人，以其亲身游历中国（时当中国元代）为内容的《马可·波罗游记》（Il Milione，或称《东方见闻录》）闻名后世。

17 此处之原文为“Giovanni Batista Ramusio (1559)”，中文文献通常译为赖麦锡。其人（1485—1557）为意大利威尼斯人，曾编著知名之游记选辑《航海旅行》，该书第二卷内容于赖麦锡本人死后两年始出版，故作者记1559年原为此故。又，“Batista”似为“Battista”之误植。

18 Lourenço de Almeida（? —1508），葡萄牙人，曾使锡兰（今斯里兰卡）臣服于葡萄牙，于葡萄牙帝国在亚洲之扩张有贡献。

19 由桶谷秀昭所译，东京讲谈社于1994年出版之日译本中，附有本书作者所做之原注（本书所使用之英文原本则未附有原注）。依原注所言，作者此处所引用之资料来自：Paul Kransel：Dissertations，Berlin，1902。

20 附于桶谷氏日译本中之原注，于此处记有：Mercurius：Politicus，1656，应为前述各国首度接触茶之年代为何之出处。

21 Henry Saville。原文“Saville”可能为“Savile”的误植。名为Henry Savile之名人不只一位，译者无能查明作者引用为何人之看法。

22 Jonas Hanway（1712—1786），英国旅行家，著名事迹为将雨伞引进英国。

23 schilling，英国货币单位。

24 艾迪逊指英国人Joseph Addison（1672—1719），史提勒指爱尔兰人Richard Steele（1672—1729）。两人为知交好友，共同创办名为《观察者》（*The Spectator*）的刊物。日后著名的《观察者》杂志亦沿用此名。

25 原文“American independence dates from the throwing of tea-chests…”直译虽为美国自此事后“独立”。事实上，美国乃于公元1776年正式宣布独立，而“独立战争”则始于1775年，“独立运动”更早在1763年即出现。发生于1773年的此抗争事件，虽然在许多层面上深具代表性，但一般不认为其为美国独立之正式起始。

26 原文为“humourist”。幽默（humour）为一音译之名词，含义甚广，但仍有其专门用法，幽默作家更为西方文化史上相对特殊的产物，故有时不易为受中华传统文化影响之读者所理解。幽默一词流传盛广，幽默作家一词亦于不少地方出现，且即令译为诙谐作家，其实并无帮助理解 humourist 之实益，因此译者在此直译之。

27 Samuel Johnson（1709—1784）之中文译名纷呈，不过皆指称曾经编写《英文字典》（*The Dictionary of English Language*）的著名英国作家，该书是《牛津英文字典》于 20 世纪问世前，英语世界最重要的字典作品。

28 Charles Lamb（1775—1834），英国散文家，作品以《伊利亚随笔》（*Essays of Elia*），及为儿童编写之《莎士比亚故事集》（与其妹 Mary 合编）最为知名。

29 原文为“tea-philosopher”。

30 William Makepeace Thackeray（1811—1863），英国讽刺小说家，著有《浮华世界》（*Vanity Fair*）。

31 颓废一词在文化艺术领域与象征主义，以及作者前面提及的唯美主义有关，原先是批评阵营使用的负面词语，后来却被颓废派人士拿来自我标榜，其多反对无意义之进步观，故亦多反对物质主义之思潮。

32 原文为“at the great beginning of the No-Beginning”，村冈氏将“No-Beginning”解为“无始”，就字面上而言，甚为正确。然而，无始一词乃佛教产物，而且其意义亦非指世界起源，而是因果之无始无终。道教信仰，虽已与佛教信仰极度混合，然就译者所知，仍然没有因果无始这种观念。另一方面，《道德经》虽有“无名天地之始”（《老子》帛书则记为“无名万物之始”）之句，虽可作为道教本身经典“无始”一词之出处，然其意仍非“no-beginning”。道教有关万物起源之过程描述，实则以《道德经》之“道生一、一生二、二生三、三生万物”，或自《易传》之“易有太极，是生两仪，两仪生四象，四象生八卦”为代表。此种观念是否可视为“没有开始”，实值讨论。故此处以与原文略为不同之“太初”译之，特此说明。

33 原文为“Shuhyung”，究本字之日文发音，的确最接近祝融。但原文对其“demon of darkness and earth”之描述，则与中华传说之火神祝融天差地远，更严重者，乃在曾与黄帝进行大战者应为蚩尤，与祝融大战者则为共工。与此相较，黄帝属土行，并非太阳化身，已属微不足道的错误。

34　很明显，此段乃脱胎于共工撞不周山之传说，唯作者将主角误记为祝融，已见前注。

35　传说中，并无女娲来自东海的说法，记载上反而认为其来自中原西方。女娲之外形描述，则以人首蛇身为主，且无火焰盔甲一事。

36　此段内容显然为女娲补天之神话，唯补天之原料应为五彩“石”，而非彩虹；补天者，补也，与重建（原文“rebuild”）有些细微差异，盖中华传说中，天仅裂开一片，补之即可；作者此处既云撞碎（“into fragment”），乃需重建之。

37　女娲补天有漏之典故，已不属于古代传说，当然更与道教世界观无关。其乃出自《红楼梦》第一回。然而此时所漏者并非破洞，而是将天补满后，多余的一块五彩石，曹雪芹以该石为主角，开始全书故事。

38　原文为“dualism of love”。与道教或道家有关之二元论，当为阴阳或两仪，故如此译之。阴阳，虽为道家解释世间万物生成之基本概念，但道家理论并非以爱之观念出发。何况，阴阳能生万物，在于两者之作用，而非两者之结合。此外，若循前句疑似《红楼梦》之典故，或可谓作者“love”之意为男女爱情，以此为解，原句“two souls rolling through space and never at rest until they join together”之部分，先不论貌似混淆自柏拉图对话录神话，至少能自圆其说，然而，接下去句末之“and complete the universe”又变得荒腔走板，毕竟本段乃在描述道家世界观，而非爱情之美丽。作者于本章大声疾呼西方对东方的误解与无知，自己却对中华文化之内容东拼西凑，不求甚解，实在大大不该。

二

The Schools of Tea

茶的饮法沿革

茶，则呈现出东方不同文化传统的心绪。用来煎煮的茶饼，用来拂击的茶末，和用来淹泡的茶叶，分别鲜明地代表中国唐代、宋代，以及明代的感情悸动。在此且让我们借用已经相当浮滥的美学术语，将它们挂上古典主义、浪漫主义与自然主义的流派之名。

如同艺术品，茶也需要一双大师的巧手，才能泡制出最高贵的质地。茶有好与坏之分，正如画有高和下之别——虽说我们拥有的，大多是后者。要完成一碗绝顶好茶，手法并非固定，道理就像是要培养出另一位提香[1]，或另一位雪村[2]，也没有一定的规则可循。每一种茶叶的调理方法都是独一无二的，是它与水量水温不同的契合程度，也是它所继承的前人智慧，更是它自己的叙事风格。真正的美，必定恒在自身之中——此一艺术与生命的法则，既简单又根本，社会大众却一直无法明了，人们又因此承受了多少损失呢？宋朝诗人李竹懒[3]，曾愀然指出天底下有三件事最

《茗园赌市图》

令人哀叹：好青年受不当教育而学坏，好画因肤浅崇拜而浮滥，以及好茶被不谙其道者浪费[4]。

跟艺术一样，我们区别不同时期和流派的茶，其沿革过程可以粗略分成三个主要阶段：煎茶、点茶，以及淹茶[5]，现代的泡茶属于最后这一种。对茶不同的玩赏方式，标示出其时盛行的精神思想——生命本身，就是一种呈现与表达；不经意的举动，反而总是泄露出自我内心

的最深处。孔子曰："人焉廋哉。"[6]不就是这个道理？然而，也许是因为我们没有什么了不起的东西需要去隐藏，才会在微枝末节上尽情展现出自我。哲学或诗歌的成就纵然高尚，但是日常生活中不足为道的小事，同样堪为民族理念的注释。举例来说，偏好哪一款葡萄酒，就凸显着欧洲不同时期，或不同国族的风格。茶，则呈现出东方不同文化传统的心绪。用来煎煮的茶饼，用来拂击的茶末，和用来淹泡的茶叶，分别鲜明地代表中国唐代、宋代，以及明代的感情悸动。在此且让我们借用已经相当浮滥的美学术语，将它们挂上古典主义、浪漫主义与自然主义的流派之名。

土生土长于中国南方的茶树，其树种特征以及医药方面的功能，很早就为人所知。在古籍里，茶以荼、蔎、荈、槚、茗等不同名称出现，并且以消除疲劳、悦志有力、宁神明目等功效著称。当时不仅仅是用于内服，还常常外敷于患部，用以对付风湿症状。它是道士炼制仙丹的重要材料之一，也被许多僧侣拿来防止自己在漫长的静坐中，忍不住睡着了。公元 4 世纪至 5 世纪时，茶逐渐成为长江流域居民的最爱，差不多也是在这段时间，“茶”，这个被沿用至今的字形，才首度被造出——很明显地是“荼”的讹用[7]。南朝的诗人曾经留下热爱茶饮的断篇残句谈及“玉液之沫”；当时的皇帝甚至以珍贵茶叶作为对功臣的赏赐。不过在那个时候，喝茶的方法还非常原始。叶子先经过蒸熟捣碾，制成茶饼之后，和以米、姜、盐、陈皮、香料、生奶等配料一同煎煮，有时候甚至还包括葱。现今的西藏地区，以及许多蒙古部落，都还留存着这种喝法，用上述材料煮成黏黏稠稠的茶汤。至于俄罗斯人加入柠檬切片的动作，则是他们的商队从中国人开设的客栈学去的，可说是古老喝法的延续。

《撵茶图》

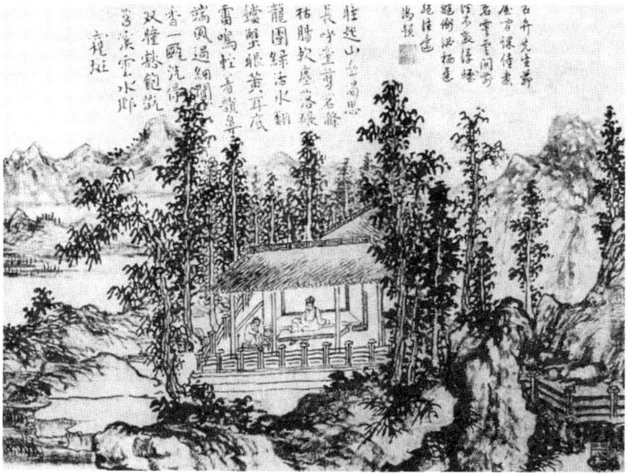

《陆羽烹茶图》

必须等待唐人的巧思出现，茶才从它原始粗糙的状态中解放出来，踏上精益求精的过程。公元8世纪的中叶，茶史上第一位使徒诞生了。生逢儒、道、释三教寻求如何共融共生的时代，陆羽，凭借其诗人的眼光，在茶事中发现了遍存于万物之中的和谐与秩序，正与当时泛神思想，一沙一世界、一花一天堂之精神若合符节。《茶经》（也就是茶的圣经）一书，立下了“茶的律则”，他也被后世

唐法门寺鎏金茶碾子

唐法门寺鎏金仙人驾鹤纹壸门座银茶罗

唐法门寺鎏金银龟茶盒

的中国茶商视为守护神。

《茶经》分为三卷，共计十章。在第一章，陆羽介绍茶树的特质；第二章，说明采茶的工具；第三章，则是提出选叶的标准[8]。据他认为，最高级的叶子必须要“像胡人靴子上的皮革皱纹，像野牛胸间垂肉的折痕，展开的感觉像云雾出谷，反射的光线像轻风拂过的湖面，并且要像大雨刚过的良田般又湿又软。”[9]

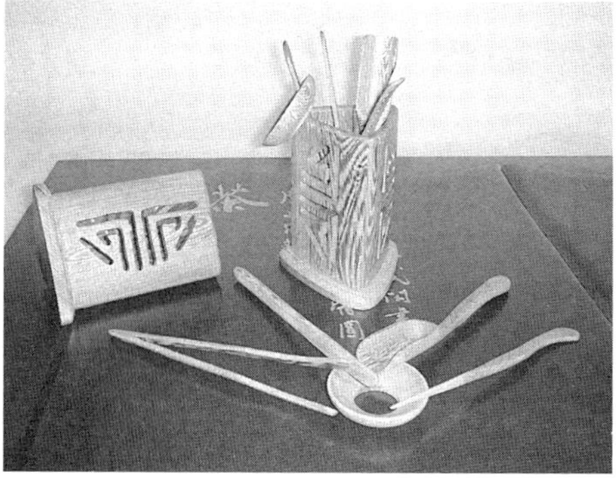

第四章则述及二十四种制茶所需的设备，由三角架支撑的“风炉”开始，详细描述其外形功能，一直到竹制的“都篮”结束。陆羽在本章中对道教的象征符号颇有着墨[10]。此外，茶对中国陶瓷制作带来的影响，也很值得观察。众所皆知，中国瓷器的源由，始于试图模仿玉器精致的色泽，而终于在唐朝时，成功地发展出南方的青瓷，以及北方的白瓷[11]。陆羽认为青色是茶碗的理想颜色，它会为茶汤增

唐三彩茶鍑

添一些绿光，相对地，白瓷则会让茶呈现倒人胃口的丹红色。不过，这是由于当时的茶汤，乃茶饼煎煮而成的缘故。后来的宋朝开始使用茶末后，就比较偏好蓝黑色或深褐色的厚碗。流行淹茶的明朝，又变成以白瓷薄杯为上。

第五章是有关煎煮茶饼的方法。与前人不同的是，除了盐之外，其他配料陆羽都主张舍去不要。过去人们讨论甚多的水种与水温，也是这章的重点。最适合做好茶的水，在陆羽看来以山泉水为上，河水与泉水次之[12]。煮水的过程分为三个阶段：当水面上冒出鱼目般的细泡时，称为一沸；当气泡有如水晶珠子般滚动泉涌时，称为二沸；当壶水波涛汹涌、翻腾不已时，则是三沸。茶饼要在火边烤到同婴儿臂膀般柔嫩，然后放在精制美纸间磨碎[13]。于水一沸时要加入盐，茶则于二沸时投入。三沸时，则倒入一勺的冷水让壶水平静下来，这样做也能“让水重获生机”[14]。到了这个时候，终于可以把茶倒到碗中品尝了，嗯！真是天上才有的甘露啊！茶面上的碎叶，有如悬在晴空中的鳞云卷卷，又如浮于青溪上之出水芙蓉[15]。正是这样一款饮品，才让唐代诗人卢仝留下如此诗句：“一碗喉吻润，两碗破孤闷，三碗搜枯肠，唯有文字五千卷。四碗发轻汗，平生不平事，尽向毛孔散。五碗肌骨清，六碗通仙灵。七碗吃不得也，唯觉两腋习习清风生。蓬莱山，知何处？玉川子，乘此清风欲归去。”[16]

其余章节所涵盖的主题包括：一般饮茶方法的俗滥之处、历史上喜爱饮茶的名人、中国著名的产茶地区、制茶饮茶上有什么不同的变化方法，以及各种容器设备的图标——可惜图标一章如今已经遗失了。

《茶经》一书在当时必然曾造成热烈的回响。陆羽本人与唐代宗（公元763至779年）[17]交好，他的名声亦吸引了许多追随者。这些徒弟们的手艺跟师父还是有所差距，听说一些精于品茶之人可以仅凭味道，分辨该茶是否出自陆羽本人之手。另外，也曾有官员，因为不识茶圣亲治之茶有何精彩，而被史书记上一笔。

盛行于宋朝的点茶，开启了中国茶史上第二个流派。点茶的喝法，是先将茶叶在小石磨中研成细末，这些茶末用热水冲入后，再用竹制的、扫帚状的茶筅，来一手点茶[18]。新的喝法不再是陆羽留下的制茶工具与设备所能应付，也改变了对茶叶的选择，盐更是从此消失在茶的调理过程中。宋朝人对茶的热情是没有止境的，饕客们互相较量谁能发展出创新的手法，甚至定期举办比赛来定出高下。那位太有艺术家根骨，而无能当个好皇帝的宋徽宗（1101 至 1124 年），曾经不惜重金购入稀有的茶种。他本人也写过一篇探讨二十种茶叶的论文[19]，并将“白茶”列为最高贵最稀有的一品。

由唐代到宋代，不仅就何为好茶的看法出现转变，甚至在如何理解生命上，也大不相同。唐人所尝试加以比拟者，宋人则企图直接实现。对宋代理学[20]而言，并非天理需要透过万物反映出来，而是万物本身就有天理在其中。刹那便是永劫——此生即为涅槃。万物永远都在变动——唯有这点是唯一不变的；这种道家思想充斥流传于当时。

碎茶用的茶臼（明）和碾钵（晋）

引人入胜的乃是过程，而非行为；真正关键的是“去”完成，而不是“完成”。一旦这么想，物我之间便不再有所隔阂。“过”生活这件事，也就获得了新意义。茶，不再只是诗情画意的娱乐，而成了一种自我实现的方法。王禹偁赞颂茶“沃心同直谏，苦口类嘉言”。[21] 苏东坡亦曾经提到茶具备纯洁无瑕的力量，有如刚正不阿的有德君子。至于佛教徒中，禅宗的南宗，因其深受道教信仰之影响，故建立了一套精

《饮茶图》

致繁复的茶会仪式。僧侣们于举行茶会时，集结于达摩祖师的画像前，依循着隆重正式的仪节，以同一茶碗轮流饮茶。这些禅宗仪礼最终于15世纪时在日本发展成为茶道。

不幸的是，蒙古部族的势力于13世纪时突然扩张，一举征服了中国，在该次异族统治的蹂躏之下，宋代文化的成果全被破坏一空。汉族正统的明朝，虽然于15世纪起义时打着复兴中华旗号，却深为内政问题所苦，中国也于17

世纪再度落入外族满人之手。在这段期间，昔日的仪礼与习俗纷纷消失殆尽[22]，我们可以发现，明代有个学者注释宋代古籍时，已经茫然不识茶筅的形状。因为时至当时，茶已经是整叶放在茶碗或茶杯中用热水浸泡，茶末相关的饮法早已完全被遗忘了。西方世界之所以对较古老的饮茶方式一无所知，原因也在于西方一直到明代建立前不久，才与中国茶艺有了第一次接触。

对晚近的中国人来说，喝茶不过是喝个味道，与任何特定的人生理念并无关连。国家长久以来的苦难，已经夺走了他们探索生命意义的热情。他们慢慢变得像是现代人了，也就是说，变得既苍老又实际了。那让诗人与古人永保青春与活力的童真，再也不是中国人托付心灵之所在。他们兼容并蓄，恭顺接受传统世界观与自然神游共生，却不愿全身投入，去征服或者崇拜自然。简言之，就真无须严肃以对。经常地，他们手上那杯茶，依旧美妙地散发出花一般的香气，然而杯中再也不见唐时的浪漫，或宋时的仪礼了。

曾经亦步亦趋跟随中国文明脚步的日本，对于中国茶史的三个阶段皆能有所认识。记载上，早在公元729年，就有圣武天皇于奈良皇宫赐茶予百人僧众的事迹。当时的茶叶很可能是遣唐使自唐朝天子处拜领的，因此多半也制成当时所流行的茶饼状。公元 801 年时，最澄禅师[23]把一些从中国带回来的茶树种子种植于叡山。之后的数百年间，慢慢出现不少茶园茶庄，贵族与僧侣阶级的喝茶风气也开始形成。1191 年，赴中国学习禅门南宗佛法的荣西禅师[24]，将宋茶引进日本。当时他所带回的新种子，分别在三地栽植成功，其中一处至今仍然以产出世界顶级的好茶闻名，那就是京都宇治。南宗禅学在日本的迅速流传，也带动宋代饮茶礼仪，以及饮茶理念的蓬勃发展。时至 15 世纪，在当时的将军足利义政的大力扶植下，终

于建立了独立于佛教信仰，专属于世俗风情的茶道仪式，自此日本茶道正式问世。中国之后出现的浸泡茶，则一直到 17 世纪中叶才为日本人所知，相对来说也是相当新潮的。虽然在日常饮用上，茶叶的确取代了茶末，不过抹茶一道，依旧是日本文化中的茶中之茶。

日本茶道的仪式，让人得以见识最极致的饮茶理念。1281 年，日本成功阻挡了蒙古大军的入侵，使得受游牧民族侵略，在中国本土遭到无情扼杀的宋代文化，能在这块土地上继续发展下去。在日本人的手上，茶所代表的，不仅是藉由特定的饮茶形式，体现某种理念；它更是一种对生命精彩之处的信仰。茶，是人们私心崇拜纯净优雅，所使用的托词。主人与宾客的来往之间，共同成就俗世的至上祝福，也让此情此景成为一次神圣的会面。在生命荒野中，茶室正如一隅绿洲，让厌倦世间枯燥乏味的人生旅人，能够相聚于此，一饮艺术鉴赏的活水。每次茶会，都是一次即兴演出，以茶、花、画交织出当下的剧情。色彩不应违反茶室基调，声响不可扰乱周遭律动，姿势不能有碍感官和谐，言语不当破坏物我合一；一举一动务求简单自然，这些全部皆是茶道仪式的目标。出人意料的是，人们常常可以成功达到这些要求。除此之外，隐身于茶道背后，更有套精致微妙的玄理：茶道思想，其实就是道家思想。

注释

1　Titian (Tiziano Vecelli, 1477—1576)，意大利画家。

2　雪村周继(1504—1589)，日本僧人及山水画家。

3　原文为“Lichihlai”。李竹懒，即李日华(1565—1635)，明朝文人。作者误记为宋朝。

4　语出李日华《紫桃轩杂缀》，原文为：“天下有好弟子为庸师教坏，有好山水为俗子妆点坏，有好茶为凡手焙坏。真无可奈何耳。”与作者所书稍微不同。

5　原文依序为“Boiled Tea”“Whipped Tea”“Steeped Tea”，强调历史上主流茶汤制法与“饮茶”方式的演进过程。故此处所谓之煎茶，与近代日本用来代表特定“制茶（叶）方法”或“茶叶等级”的“煎茶”，意义上几乎完全不同。

6　《论语·为政篇》：“子曰，视其所以，观其所由，察其所安。人焉廋哉？人焉廋哉？”在这里是隐藏的意思。

7　论者亦有指出“茶”乃荼之俗字；荼是中唐前多数用法，《茶经》一书则对一般人转而使用“茶”字有着关键影响。

8　《茶经》第二章所介绍者，除此之外更有“制茶”的工具。

9　语出《茶经·三之造》，此段原文为：“如胡人鞾者蹙缩然，犎牛臆者廉襜然，浮云出山者轮菌然，轻飙拂水者涵澹然。有如新治地者，遇暴雨流潦之所经。有如陶家之子，罗膏土以水澄泚之。又如新治地者，遇暴雨流潦之所经。”枝微末节有所出入，但不影响主要文义，不过由于比对起来，作者似漏引一句，故此处未以茶经本文径代翻译。

10　原文为“Taoist Symbolism”，故得此译。作者之意，可能是指《茶经》该章内容中所记载的，风炉设备上必须书写之易经词句及卦象。

11　原文为“(porcelain) had its origin in an attempt to reproduce the exquisite shade of jade”，中国瓷器中，青瓷的上品，的确会以玉来形容其色泽，然而中国瓷器之发展是否以模仿玉色为动机，译者未见此说法。又，晚近之研究指出，原始青瓷于商周已经出现，其烧制技术在东汉即已趋成熟，唐代应为其进入巅峰之时代；白瓷亦于隋代即发展成熟，且目前出土白瓷中，其年代最古老者，同样可上溯至东汉。

12　作者原文为“the mountain spring is the best, the river water and the spring water come next”，故直译“河水与泉水次之”。然《茶经·五之煮》的本文则是：“山水上，江水中，井水下。”略有不同。

13　《茶经·五之煮》本文：“炙之，则其节若倪，倪如婴儿之臂耳。既而承热用纸囊贮之，精华之气无所散越。候寒末之。”也就是说，烤软后要趁热用纸包装起来，保存精气，等到冷却后再磨成粉末。但作者的该句却写为“(Cake-tea) is shredded into powder between pieces of fine paper”，故以此为译之同时，特加以注明。

14　原文为“revive the ‘youth of the water’”。实际上，《茶经》有关这部分的记载，其实是在第二沸时先舀一杓水出来放凉，等到第三沸时，再把先取出来的这杓倒回去，冷却沸腾的茶汤，好控制茶汤的沫华（“以育其华”，“华”为茶汤表面的泡沫层，除口感外，另具欣赏之用，可说与现代煮制咖啡手法有异曲同工之妙）。

15　《茶经·五之煮》中这个地方形容的对象并非茶叶，而是前注14茶汤的精华：“沫饽，汤之华也。华之薄者曰沫，厚者曰饽，细轻者曰花。”陆羽确实以“晴天爽朗，有浮云鳞然”来形容沫饽的外观，但青溪莲花之句则不知出于何处。

16　此为卢仝（约795—853）《走笔谢孟谏议寄新茶》一诗之节录，全诗原以忧国忧民之思为背景主旨，不过诗中此段却独立广为流传，作为赞茶之用，甚至苏东坡亦有“何须魏帝一丸药，且尽卢仝七碗茶”之句。后世多直接称此段为“七碗茶歌”。

17　作者本书中于皇帝后面所附之年代，皆为其在位期间，非其生卒年。

18　这个阶段就是点茶得名的由来，其中最重要的一套动作，是要用竹筅在茶汤表面搅打出泡沫，称为“运筅”或“拂击”。

19　原文为“a dissertation on the twenty kinds of tea”。事实上，宋徽宗赵佶所著的《大观茶论》，乃是针对二十个“有关茶的主题”发表意见，而非二十种茶。

20　原文为“Neo-Confucian”，宋明理学对汉唐儒家而言，诚然可称为“新”，然而一方面，华人世界习惯上仅称其为理学；另一方面，“新儒家”一词在当今是专门用来指称发轫于民初的儒家文化复兴运动。故若以之直译，恐生混淆之嫌。

21　语出王禹偁（954—1001，宋朝文人）《茶园十二韵》一诗。

22　蒙人与满人所建立的政权，是否对中国文化仅有毁灭与破坏，有兴趣的读者当可自行深入判断。

23　最澄（767—822），日本天台宗之开创者，曾至中国（时值唐代）学习佛法，为当时日本地位相当崇高之僧侣。

24　明庵荣西（1141—1215），曾至中国学习佛法多年，于日本之禅宗及茶文化之发展有重大贡献，曾创立日本最早之禅宗寺院“圣福寺”（1195年），亦著有《吃茶养生记》介绍喝茶益处。

三

Taoism and Zennism

道[1]与禅

一个人若能掌握生命艺术的精髓，便可称作是道家的真人。对这样的人来说，出生乃是进入了一场大梦，而踏入此梦则是为了能在离世之时，见识到梦醒的真实。他磨炼自己的心智，好隐晦入悠悠大众之中。

众所皆知，禅与茶两者的关系深远。前面已经提及，茶道仪式是由禅宗茶会发展而来的。而道家始祖老子这个名字，也与茶的历史紧紧相连。中国的童蒙教科书写道，对客人奉茶的习俗，乃是源自关尹[2]。他是老子的知名信徒，在老子西出函关时，对这位“老哲人”，奉以长生不老的金色仙药。我们无须太过执着这则故事的真伪，虽然就确认早期道家饮茶之目的为何而言，这点是很值得去探究的。不过，此处我们感兴趣的是，那些发源自道家与禅宗，而在日本茶道中展现得淋漓尽致的生命观与艺术理念。

虽然存在着一些值得赞赏的译作，不过很遗憾，道家

与禅宗的教义说法，目前为止似乎还是无法准确地用外国语言表达出来。

翻译永远无法达到完全忠实，就像一位明代作家说的，再好的翻译，至多也只能像观看一帛锦绣的背面，一丝一线纵然针针安在，色彩花案终究无法惟妙惟肖[3]。然而，真正精妙的道理，从来就是难以说予人知。古圣先贤的教诲，也从来不是井然有序。其结论总是莫衷一是，因为他们不希望只触及表面。与之交谈，一开始总以为他们痴愚，结束后才发现自己长了见识。老子就以他一贯的奥妙风格说道："下士闻道，大笑之。弗笑，不足以为道。"[4]

"道"，字面上来看，意思就是"路径"，间或翻译成"正途""绝对者""法则""自然""至理""模式"[5]。这些翻法并不能说有什么不对之处，因为道家也会随着探讨主题的不同，而赋予"道"不同的意义。老子自己也说："有物混成，先天地生。寂兮寥兮，独立而不改，周先不殆，可以为天下母。吾不知其名，字之曰道，强为之名曰大，大曰逝，逝曰远，远曰反。"[6]与其说是路径，不如说"道"的意义是"在路途上"。它是无穷幻化的精神[7]——是无尽的生成过程，一方面不断返回其自身，一方面却也借此呈现出新形态。龙，这个象征之所以深受道家喜爱，也是由于它盘踞于自己身上的外形，正符合道的特色。其或聚或散，并无常态，亦如浮云一般。道，也可说是"变易"。用带有主体色彩的话来说，道是天地万物之心[8]。道的绝对性，在于它是相对的。

有一点必须要先加以叙明：道家，如同它的正统后继者禅宗，代表着中国南方人士的个人主义思潮，与北方由儒家代言的共同主义精神大相径庭[9]。中国，这个处于天下中心的王国[10]，面积跟欧洲差不多大，两大长河贯穿其中，风土民情也随之迥异。长江与黄河，可说是类似于地中海与波罗的海。即使是历经数百年统一的今日[11]，南方与北方在想法与观念上还是存在着差异，犹如拉丁民族与条顿民族（日耳曼人）的不同。在通讯不如现代发达的古时候，尤其是在封建时代，这种思想上的差异当更为显著。供养出诗歌与艺术的土壤气候,在南方与北方之间是截然不同。在老子及其追随者，甚至在屈原这位楚辞的先驱者[12]身上所出现的浪漫主义论，无法见容于同时期的，针对道德伦理做出长篇大论的北方作者。附带一提，老子大约早于基督五个世纪。

道家哲思的最初来源，其出现的时间比以“长耳”为外号的老子[13]，还要早得多。老子本人的思想，在一些中国古籍，尤其是《易经》之中，便可寻得端倪。只不过，当时中国古文明崇尚的是规范与传统，尤其以建立于公元前 12 世纪的周朝文化为最，个人主义思想的发展，因此受到长期的压抑，一直要等到周朝分崩离析为无数独立的王国[14]，它才能在思想自由的土壤上茁壮成长。老子与庄子同样都属于南方人，也是众多于此时期开始崭露头角的新学说中，其中一门新学说的开创者。另一方面，孔子，以及其徒子徒孙，目标则在于复兴古代传统。因此，若对儒家思想没有基本的认识，即无法理解道家的说法，反之亦是如此。

前面曾经提到过，道家的“绝对”乃是“相对”。这使得在伦理道德方面，道家对法律以及社会道德规范是嗤之以鼻的，因为对他们来说，对错，也只不过是一组相对的词汇。赋予定义的同时，也就设下了局限——“固定”“不变”所代表的，其实是不再生成变化。屈原也说：“圣人不凝滞于物，而能与世推移。”[15] 道德标准的起源，其实是过去社会的需要，然而，社会难不成从来不曾变化吗？人人遵循共同的传统，必然需要个人持续地向国家作出牺牲。为了要欺瞒众人，令其皆入礼教彀中，教育所培养的，乃是无知的人民，只求他们行止必须得宜，却不令其了解真正的善良为何。人们在意他人看待自己的眼光，其程度夸张到反而成为一种邪恶。我们从来不愿原谅他人，因为我们知道自己也是有罪的。良心之所以必要，在于没有人敢对他人吐露心中的真话；至于自尊之所以必要，则是由于没有人敢向自己据实以对。一旦世界本身就如此荒谬怪诞，又如何教人对其严肃看待？到处所见者，说穿了都是交换。荣誉！贞洁！瞧，那志得意满的推销员，正在兜售这样的善良与真理。即使是所谓的信仰，甚至也是用钱买的，内容反正不过是些肤浅的道德信条，加上鲜花音乐，做些圣洁妆点。一旦拿掉只知讲求枝微末节的教会，还能剩下什么呢？然而宗教的托拉斯[16]，却还是惊人地成长，因为它的“收费”异常低廉——一次祈祷，就能拿到通往天国的门票，一份文件，就成了吾乃良民的证明。要把自己藏身于众人之中，一旦你真正的用处为世人所知，马上就会被公开拍卖，由出价最高者得标。世间男女，为何如此喜欢宣传自己呢？这难道是种源自奴隶时代的本能吗？[17]

道家思想的活力，对同时期思想家造成的震荡，并不逊于其支配后世发展的程度。开创统一伟业的秦朝，也就是西方之所以称中国为“China”的由来[18]，其统治的期间，也是道家大为活跃的时段[19]。若有时间细究一下道家对当时的思想家，包括数术家、法家、兵家、阴阳家，以及之后的楚辞作家[20]，所产生的影响，当是非常有意义的事。甚至，我们也不可忽略那些以“实名”为探讨主题的理论家[21]，他们论辩白马是因为其白，抑或因为其坚，所以才可以为实呢[22]？当然，也不能忘了六朝的清谈之士，他们与禅门弟子一般，沉迷于“净”与“玄”的讨论。无论如何，中国文化之所以形塑出“温如玉”，这种优雅自制的人格特质，必然要归功于道家。无论是太子，或隐士，道教信徒们遵从着教义行事，获致了多彩多姿的成果，这样的故事充斥于中国历史的各个阶段。它的内容充满奇闻、警句，及寓言，才会如此精彩丰富。而假如不是在趣味情节中带

有警世真理，故事也难以如此流传。我们非常乐意跟这些故事中的皇帝[23]促膝长谈，他既长生不老，话语又趣味盎然。我们能与列子[24]一同御风而行，却发现一切竟如此宁静，原来我们自己就是清风[25]，又或者我们能与河上公一起浮于半空，他不属于天，亦不属于地，故能在两者之间遨游[26]。即便现在的中国道教已然走样，变得荒诞不经，依然充满丰恣迷人的想象，远非其他教派所能企及。[27]

《三教图》

不过，对亚洲的人生样貌来说，道家的主要贡献是在美学领域。中国的历史学家总是称道家为“处世之术”，因为它所关注的是当下——也就是我们自身。是在自身之中，才融合了“神圣”与“自然”，才隔开了过去与未来。“现在”，其实是不停推移的“无限”，也是“相对”的本来所在。既然有“相对”，就必然有“调整安置”；而“调整安置”便是“艺术”。生活的艺术，便在于不断重新安置周遭环境。有别于儒家与佛家，道家对于尘世的一切，会如其所是地接受，在其中的忧烦苦痛中，试图找出美之所在。宋代流传一则有关于三位尝醋者的寓言，巧妙地表现出三家之言的特色为何：话说，释迦牟尼、孔子，与老子，同立于醋缸——象征着人生——之前，三人各自用手指沾尝一口。实事求是的孔子说醋是酸的，佛陀则谓其苦，老子却称其甜。

道家主张，若是人人都能够保持物我的和谐，生命定能更加喜乐。此世的人生大戏若要搬演成功，秘诀就在于如何维持万物之间应有的关系，以及如何在一任他人自在的同时，亦能不失自己的立场。想要扮演好个人的角色，必得对整出戏码有着通盘的了解才行；在考虑自我的同时，切勿失却了整体的关怀。关于这点，老子拿出他最爱的暗喻手法，用“无”来向我们阐释说明。他认为真正的本质乃是存在于“无”。举例来说，一个房间真正的实在，是由屋顶与墙壁所圈出的空间，而不是屋顶与墙壁本身。水壶的有用之处，在于它拿来盛水的空间，而不是水壶的形体，或是它的原料。“无”，因其无所不包，也就无所不能。唯有在空间之中，才能存在动作。能藉由自己的虚怀若谷，接纳所有异己，人才有办法无入而不自得。作为整体，永远都能够宰制部分。

这些道家的想法，对于我们任何面向的行为理论[28]，都发生巨大的影响，甚至包括了剑道与相扑[29]。日本独有的自卫武术——柔术[30]，即得名自《道德经》中的某章。柔术的理论是试图诱出、进而消耗对手的气力，但不是藉由直接与其对抗，而是透过空无，留存自身的力量，以待在最终的决战中取得胜利。暗示手法在艺术上所特有的价值，也显现出“无”这项原则在其中具有的重要性。透过留白，观赏者获得补完作品意念的机会，也因此，一件旷世之作，必定有着无法抗拒的力量，吸引你的注意力，直到你感觉自己似乎真地成了作品的一部分。空白的存在，正好让你可以自由介入，并且穷尽自己的美感情思，来将其填满。

一个人若能掌握生命艺术的精髓，便可称作是道家的真人[31]。对这样的人来说，出生乃是进入了一场大梦，而踏入此梦则是为了能在离世之时，见识到梦醒的真实。他磨炼自己的心智，好隐晦入悠悠大众之中。这样的人，“豫兮若冬涉川，犹兮若畏四邻，俨兮其若客，涣兮若冰之将释，敦兮其若朴，怀兮其若谷，浑兮其若浊。”[32] 对他来说，人生的三宝在于“慈”“俭”与“不敢为天下先”。[33]

现在，若将我们的注意力转向禅宗，当可发现它是多么强调道家的教诲。禅这个名称源自梵文的 Dhyana[34]，意思即为系念寂静、正审思虑。为佛家六种达到真正解脱的方法[35]之一。换言之，致力于禅定，能帮助我们证入自我无上的智慧[36]。禅宗一脉则认为，释迦牟尼在晚年的说教中，特别强调禅定的重要性，并且将其正法传授给自己的大弟子伽叶。依循着同样的传统，被尊为禅宗初祖的伽叶，再将正法传给二祖阿难，如此而下，一直到第二十八祖菩提达摩，他于 6 世纪前半叶来到中国北方，之后便成为中国禅宗的初代祖师。这些历代祖师的生平，以及他们的论道内容，则没有很确实的记载。从哲学观点来看，早期禅宗理论，似乎一方面与源自龙树菩萨，充满印度色彩的否定论[37]相近，一方面也与商羯罗宗师建立的智慧哲学[38]有关。至于为今人所熟悉，最初始的禅宗教义，则是由六祖惠能（公元 637 至 713 年）所传下的。惠能亦是南宗的始祖，因为此派的说法最初盛行于中国南方，因此得名。惠能之后不久，又有马祖道一（死于公元 788 年）大师将禅的影响力渗入中国人的日常生活中。他的弟子百丈怀海（公元719至814年）则首创禅宗丛林，并为其定下清规[39]。由马祖道一以降的宗派论辩中，我们可以发现江南一地的人文精神，已经将禅门理论中原有的印度唯心论色彩，转化为中国本土的思考模式。然而，无论于流派对立下，各家说法互相间是如何与众不同，禅宗南宗的思想，与老子以及玄学家的说法，实在无法不让人感到似曾相识。《道德经》早就提到收摄心神的重要，也旁及调节吐纳的必要，这些都是坐禅的关键重点。《老子》的各家注中，也有些绝妙佳作是出自禅门学者之手。

禅宗崇仰“相对性”，这一点与道家所见略同。有禅师言，禅是一种于南天中体验北斗的艺术[40]。想要获致真理，就必须能够融会贯通彼此对立之两极。禅宗也极为倡导个人主义，这仍然与道家并无二致。若非个人的心灵在其中运作，事物是没有真实可言的。六祖惠能曾经遇见过两位和尚，他们正看着杆上的旗子随风舞动飘扬，其中一位说：“是风动。”另一位则道：“是旗动。”然而，惠能告诉他们，真正在动的既不是旗，也不是风，而是你们心中的某样事物[41]。百丈怀海有一次跟弟子走在林中，有只兔子见到两人走近便慌忙逃去，百丈便问：“兔子为何急忙离你而逃？”弟子答道：“因为它惧怕我。”百丈则曰：“不，是因为你有杀生的天性。”[42] 这段对话让人联想起道家的庄子：有一天庄子与朋友沿河岸而行，庄子叹道：“河里的鱼是多么快乐啊！”他的朋友便说：“你不是鱼，怎么知道鱼快乐呢？”庄子答道：“你不是我，又怎知我不知道鱼快乐呢？”[43]

禅宗思想常常与正统佛门戒律产生冲突，这点甚至就像道家会与儒家有所扞格。对于禅宗的超凡洞见而言，文字只不过是对思考的拖累；佛家经典再怎么权威，终究是一篇篇作者个人想法的记录而已。禅门子弟追求的，是与事物内在的本质，做最直接的融合；是故外在的点点滴滴，对确切感知真理来说，只会是种妨碍而已。正是如此为“玄”[44]所吸引，使得禅宗一改古典佛家流派喜爱工笔彩绘的倾向，而偏好非黑即白的水墨素描。有些禅师甚至因为致力向内在的自我，寻求真正的佛性，而非外在的形象或符号，因而主张应当禁止对神像膜拜。曾有一个冬日，丹霞和尚将木制的佛像拿来生火取暖，旁边的人惊呼：“怎么可以这样亵渎神明呢？”丹霞气定神闲地说道：“我想烧出舍利子呀。”对方生气地回道：“木像怎么烧得出舍利子？”丹霞则答说：“如果烧不出来的话，这东西就不是佛，何来亵渎之有呢？”语毕他又继续就着火堆取暖了[45]。

禅对东方思想的特殊贡献，是使得俗世能获得与彼世同等的重视。如果能着眼于事物彼此间更高超的关系，则它们原本是大是小，是贵是贱，就不再那么清晰可辨：在原子之中，也有着等同于全宇宙的可能性。试图向完美境界迈进之人，也必须要能够从自己的生活当中，发现那由内在所映射出的光芒。在这一点上，禅宗丛林的制度具有非凡的意义。除了住持之外，所有的僧众都要分摊全寺上下的内勤庶务。甚且，外人难以理解的是，地位最低微的弟子，是负责较轻松的任务，而修养最高、身份最尊的师兄们，却要从事最恼人、最卑贱的工作。每天从事这些劳动，是丛林清规的一部分，其中任何最不起眼的环节，无不要求得做到尽善尽美。如此一来，许多在禅学上举足轻重的讨论对话，就于园中除草、厨房剥菜，或是斟茶侍师的时候展开。禅这种从生活中的轻如鸿毛，亦能见重于泰山之处的观念，也可说是整个茶道的中心思想。道家为各种美学理念的基础增添色彩，却是禅学使它们得以在现实中实现。

注释

1　作者于全书中，完全不区分宗教上的道教，与哲学上的道家，而一概使用“Taoism/Taoist”，译文则视前后文而变化之。

2　本名尹喜，因其身为关令，故又称关尹。因其与老子之关系，日后亦被道教奉为神仙。

3　原文为“Translation…can at its best be only the reverse side of a brocade,—all the treads are there, but not the subtlety of colour or design”。其出处疑似为宋代（而非作者所称之明代）释赞宁（919—1001）所撰之《宋高僧传》卷三：“翻也者如翻锦绮背面俱花。但其花有左右不同耳。”作者似将原句所述翻译之理想，理解为翻译之局限。

4　语出《道德经》第四十一章。

5　原文依序为：“Path”、“the Way, the Absolute, the Law, Nature, Supreme Reason, the Mode”读者可借此看出作者所谓“难以翻译”的情形。

6　语出《道德经》第二十五章。

7　原文为“spirit of Cosmic Change”。

8　原文为“the Mood of the Universe”。

9　将西方思想史的专有名词套用于东方文化，这种现象并非本书作者所独有，在有些时候，却不可不慎。对东西方文化思想研究有兴趣的读者，于阅读本书时，可以自行分辨在什么条件下，这样的套用是成立的，而在什么前提下，同样的套用又是不适宜的。

10　原文为“the Middle Kingdom”。

11　本书写作之时约当中国清代末年，故曰“数百年统一”。

12　原文为“the forerunner of the Yangtse-Kiang nature-poets”，直译为长江流域自然诗人的先驱。为易理解，乃直言其乃楚辞。另，目前楚辞之正式英文，除音译为“Chu Ci”外，义译则为“Songs of the South/Chu”。

13　原文为“Laotse, surnamed the Long-Eared”。老子姓李名“聃”，或名“耳”，但史书上并无其生有长耳之记载，即便道家将其神格化时所做的描述，如葛洪《神仙传》中，亦仅谓“吐舌聃然，遂有老聃之称号”。此处之聃然，仍非长耳之义，而是做鬼脸的样子。

14　作者此处所言之独立，若严格视之，则只能以现实上、实力上之独立来理解。否则正式意义的独立王国，须从秦灭周室之时计算，总数也不过七国。至于诸子百家争鸣，则早在春秋时代即已开始。

15　语虽出自屈原《渔父》，然而此句话其实为渔夫所说，屈原本人则完全不肯接受这样的想法，反而是坚持“宁赴湘流，葬于江鱼之腹中；安能以皓皓之白，而蒙世俗之尘埃乎。”如果认为屈原的伦理道德主张，属于本段所描述的那样，将会是严重误解。

16　原文即“trust”，中文对此字多采音译。

17　本段究为论述道家伦理主张，抑或是作者之心得感想，读者可自行判断。

18　中国以外的世界，提到中国时，最早都以“Chin”为音译，一般认为源自秦国或秦朝，并且是英文“China”的字源。

19　事实上，秦代所盛行的，乃是方仙道，也就是“方士”的信仰，纵然，其的确可谓后世“道教”信仰内容之主要渊源，但它与当时的“道家”老庄思想仍然非常不同。

20　楚辞同前注12。

21　也就是后来所称的名家。

22　原文为“whether a white horse was real because he was white, or because he was solid”。作者在这里明显地将名家的两个著名命题，亦即“白马非马”与“离坚白”，加以混淆，故令人不知所云。

23　本句提及皇帝，原因可能在于道家与道教经典中，有不少故事或对话皆纳入某位皇帝为其中的角色。

24　列子，生卒年不详，春秋战国时代人，本名列御寇，为道家思想代表人物，后亦受道教神格化。

25　《列子》中不止一次出现乘风的故事，其中一则列子本人便具乘风之能。

26　原文为“the Aged One of the Hoang-Ho”，应指“河上公”，典出葛洪《神仙传》：“余上不至天，中不累人，下不居地，何民之有焉？”

27　作者仅言“that grotesque apology for Taoism”，译者才疏学浅，不知实际所指为何。

28　原文为“our theories of action”，此处之“action”，观乎前后文，应仅指物理意义的动作，而与各种人文科学中之“行为理论”，意涵截然不同。

29　原文为“fencing and wrestling”。因考虑20世纪初年，剑道与相扑之日文未必如今日，已成为英文外来语，可直接写上“kendo and sumo”；作者若欲表达此二者，必定需要转换为英文之近似名词。但此毕竟为译者之越俎代庖，故附上原文以对。

30　原文为“Jiujitsu”，即日文汉字“柔术”之发音。柔术在日本之起源甚早，江户时期即有此名词出现，现代较为人熟悉之“柔道（Judo）”，即为柔术演变而来。

31　原文为“the Real Man of the Taoist”。不过，单就《道德经》或《庄子》而言，对于能够真正掌握道之精髓者，多称之为“圣人”，而不称真人。至于在道教上，真人指的则是道教始祖，或有一定修为的道士。

32　语出《道德经》第十五章。

33　原为文“the three jewels of life were Pity, Economy, and Modesty”，当出自《道德经》第六十七章：“我有三宝，持而保之，一曰慈、二曰俭、三曰不敢为天下先。”

34　中文若依其发音，多译为“禅那”，若依义译，则为“静虑”或“思维修”。

35　佛家语称此六种方法为“六度（六波罗蜜多）”，包括：施，戒，忍，精进，禅那，般若。

36　原文为“supreme self-realization”。

37　原文“the Indian Negativism of Nagarjuna”，梵文“Nagarjuna”，中译龙树，公元2世纪左右之南印度人，奠定大乘佛教之基础，受数个中国佛教宗派奉为祖师。不过，龙树所留下的重要理论，无论是“空性”或“中观”，认为具有印度佛教或婆罗门教哲学影响，虽然无误，但若称其具体内容为某种“否定论（negativism）”，则恐有争议。

38　原文为“Gnan Philosophy formulated by Sancharacharya”。“Gnan”应写作“Jnana”为宜，指智慧；“Sancharacharya”应写作“Sankaracharya（或Shankaracharya）”为宜，此字实际上并非人名，而是一个称号，被用来称呼由印度教中兴人物Adi Sankara（或写作Shankara，788—820，中译商羯罗）所设下的四个组织之领袖，若由梵文义译则为“博学的商羯罗”，因此为印度教制度，几乎无正式中文译法，故勉强译为“商羯罗总师”（日文中则有译为“阿屠黎”）。由于，只要是印度教此四大组织的领袖，就会取得这个称号，故只能推测作者此处仅言“Sancharacharya”，是指商羯罗（Adi Sankara）本人。若果真如此，则商羯罗的宗教与学术思想，通常以“吠陀（Veda）”（更详细则称“Advaita Vedanta”，义译为“不二论”，即非二元论的吠陀思想），而非以“阇那（Jnana）”为名。

39　多数似认为佛教丛林（即寺院）制度，为马祖首创，百丈则为清规定立者。

40　原文为“the art of feeling the polar star in the southern sky”，应出自日本著名禅师铃木大拙（1870—1966）之语，全句之中译为“东望西山见，面南观北斗”。

41　本典故出自《瘗发塔记》：“时有风吹幡动，一僧曰：风动；一僧曰：幡动；争论不休，惠能进曰：不是风动，亦非幡动，仁者心动。”本书作者则将末句理解为“something within their own mind”，故无法直译为心动，故特此注明。

42　译者遍寻不着此禅门典故出于何处。

43　典出庄子外篇《秋水》，本故事对成长于中国文化下之读者来说应极为熟悉。

44　原文为“the Abstract”，即抽象。

45　此禅门典故原文如下：“邓州丹霞山天然禅师至慧林寺，遇天大寒，取木佛烧火，院主呵曰：何得烧我木佛。师以杖子拨灰曰：吾烧取舍利。主曰：佛有何舍利。师曰：即无舍利，更取两尊烧。”

四 The Tea-Room 茶室

茶室必须依循某种个别特定的品味来建造，乃是在遵照一项重要的艺术原则：若要淋漓尽致地赏玩艺术，就必定得真诚面对此刻的生活与生命。这并非是说无须考虑将来人们的观感，而是应当更试着去享受当下；这也不是在说无须尊重过去留下的作品，而是应该试着将前人的果实融入自己的胸怀中。

由石材砖瓦结构的传统所孕育而出的欧洲建筑师，在面对木头青竹搭设而成的日本屋舍时，也许不愿意承认里头会有什么能称得上是建筑学的东西。一直要到非常晚近，研究西方建筑的人士中，才终于有人懂得欣赏日本雄伟的寺院，赞扬它们掠获人心的完美姿态[1]。既然连最经典的建筑也只受到此种对待，我们自然难以期待外地人，对于茶室那精致深邃之美，能够加以领略，抑或是体会它在建筑与装置原则上，截然不同于西方之优点所在。

茶室（数寄屋），望文生义且又名副其实的，不过就是一间小房间，甚至只是一座小草屋。数寄屋这个词，本义即为“时兴之所”[2]。而近来，许多茶道流派的大师，纷纷依据自己心目中茶室的构思，对传统摆设改弦易辙，将大量中国元素纳入其中。如此一来，数寄屋也可以有“虚空之所”或“不全之所”[3]的意思。就其材质特性无法持久，目的也只是建来盛载一时涌现的诗意而言，茶室不啻是间“时兴之所”；就它在满足当下所追求的美感之外，便完全不做多余的装饰摆设而言，茶室确实是间“虚空之所”；就它刻意留下一些未竟之处，交由想象力来加以补足而言，正足以作为一处崇拜“缺陷”的圣地，因此也的确是间“不全之所”。时至今日，日本的室内装潢，依旧极端简洁朴素，在外国人眼中可说是到了无聊的地步，也是由于我们的建筑观念，自16世纪以来，便深受茶道的理想影响所致。

首座独立建造的茶室，创始者乃是千宗易，也就是广为后人所知的千利休[4]。16世纪时，身为史上最伟大的茶道宗师，在太合秀吉[5]的支持下，他制订出一套相当完善的程序规定，以供参与茶会之人遵循。在此之前，茶室内外该有的设计与规格，则为15世纪知名的大师绍鸥[6]所定。早期的茶室，仅仅在一般客厅的内部，由屏风隔出一块地方，作为集结品茶之用。这块被隔出来的区间叫作“囲い（围间）”[7]，直到现在，凡是附属于整体房舍，非独立建成的茶室，依旧以此为名。至于自为独立建物的数寄屋，

妙喜庵茶室“待庵”，千利休所建的茶室。千利休制作粗糙的茶器，以配合茶室的简朴建筑风格，桃山时代（16世纪）。

组成的部分则包括：一间茶室本体——其空间大小设计成一次至多只能容纳五人，呼应那句“比美惠女神多，较缪思女神少”[8]；一间用来在茶会开始前清洗及整装茶具的准备室（水屋）[9]；一处玄关（待合）[10]，宾客要先在此等待主人的邀请召唤；以及一段连接“待合”与茶室两处的庭径（露地）[11]。茶室的外观可说是其貌不扬，在大小上，甚至不及日本一般人民的住屋。但其建造时所选用的建材，则是刻意在简朴的外表下深藏着高贵。我们切不可忘记，这些呈现于外的结果，背后可是有着深刻的艺术洞见。而且，就投注于各种细节小处上的心血而言，茶室也许更胜过那些最富丽堂皇的宫殿寺院。具有一定水平的茶室，比起普通行情的豪宅大院还要所费不赀，因其在建材挑选，以及施工技术上，都极为要求周延细心与准确严谨。实际上，能够受到茶道大师延请的木工师傅，在同业中形成一个特有的光荣族群。出自他们之手的作品，比诸最精致的漆柜也毫不逊色。

茶室不仅与西方的建筑成就大不相同，更与日本自身的建筑楷模差异甚巨。首先，古老尊贵的日本建物，不论其具有宗教性与否，单就尺寸规模而论，都还不至于令人小觑。而那些少数历经数个世纪，仍能幸免于祝融之灾者，其雕梁画栋之富丽堂皇，依旧令我们惊艳不已。直径二三英尺宽，三四十英尺长的木头大柱，透过繁复精密，交织错落的支架座托，撑起因沉重的砖瓦斜顶，而嘎嘎作响的巨梁。这种建材性质和搭建方法，虽然不利于防火，却特别能够抗震，且与我国气候条件适切符合。法隆寺金堂[12]与药师寺[13]大塔，乃是我国木造建筑确实能够长久留存的著例，它们已经完好矗立了约 12 个世纪之久。各处古寺与皇宫的内部装潢，也都相当多彩多姿。建于 10 世纪的宇治凤凰堂[14]，内中色彩缤纷，镶有琉璃与珍珠母的精美顶蓬与金箔华盖，光华依旧可见，更不用说那些原本置于墙上的绘画与雕刻，其残留之部分也仍于另处保留。在年代稍后的日光[15]或京都二条城[16]，我们甚至可以见到结构本身的美感，是如何为了装饰之繁复而受到牺牲，但不论是在色彩组合，或是各种细部处理的精巧程度上，它们都足以与阿拉伯或摩尔人风格中，最为灿烂华丽的建筑艺术并驾齐驱。

茶室所具有的简单与纯净源自对禅寺的模仿。与其他佛教宗派不同，禅宗寺院的唯一用途，就是作为僧众的居所。佛堂不是用来供人参拜或朝圣，反而比较像间教室，供学僧们聚会讨论，或者练习禅定。屋里除了中央讲台后方的壁龛，会设有开山祖师菩提达摩，或是佛祖释迦牟尼，加上随侍其侧的伽叶及阿难塑像——他们同时也是最早先的两位禅宗祖师——除此之外，几乎可说空无一物。讲台上供奉的鲜花与束香，只是为了纪念上述诸圣对禅门的贡献。我们曾经说过禅门僧侣在达摩祖师的画像前，依序共饮一碗茶的仪式，是日本茶会的渊源。这里可以附带一提的是，上述禅宗佛堂讲台后方的壁龛设计，则是日式房间内，那处用来放置书画与插花，以陶冶宾客性情，表现主人敬意的空间——“床之间”[17]的原型。

法隆寺金堂

每一位伟大的茶人，都是禅的子弟，并且试图将禅思精神，引进到现实生活的点点滴滴中。因此茶室与其他茶会的器具设备，率皆反映着许许多多的禅宗教义。正统茶室的尺寸，是四叠半榻榻米大小，也就是十平方英尺，此规定源自于《维摩经》[18]中的一个段落。在这部引人入胜的经典中，维摩诘就是在这样大小的房间里，迎接文殊菩萨以及佛陀的八万四千名弟子；这个寓言的主旨在于，在

药师寺

佛家理论中，对于真正达到大智慧境界的人来说，空间也是一种“空”。另一方面，“露地”，也就是自“待合”连至茶室本体的庭园小径，则象征着禅定过程的第一个阶段：进入自明之道。因为它的作用，正是一面将茶室与外在世界区隔开来，一面为人们的感官掖注一种新鲜感，以利于完全赏味茶室本身追求的唯美精神。步入万年青的摇曳树影，踏上乱中有序的碎石小路；路边散落干枯的松针，石灯笼上布满青衣。走过这样一条庭径，没有人会忘记自己当初的心情，如何不知不觉地，将所有世俗纷扰抛到九霄云外。让人可以虽身处于闹市中心，却感到自己位在远离文明扰攘的森林。在追求这些“静”与“净”的效果时，茶道大师们所呈现出的匠心独具，可说是精彩万分。不同的茶人，对于露地应该激起通过的宾客何种感觉，见解也不尽相同。有些人是追求完全的寂然[19]，例如千利休，便主张设计露地的秘诀就在这首古代歌谣中：

踽踽独行远眺望，也无红叶也无花，
深秋薄暮月朦胧，一轩坐望浪淘沙。[20]

而像小堀远州[21]等其他人，则要求不同的效果。远州认为庭园小径应有的理念是像下面这类句子：

夏夜望海远，茂林眺月晦。[22]

想要掌握他所欲表达的意义，并非什么太困难的事。他希望露地创造出一种有如刚刚清醒不久，一方面灵魂还停留在方才梦境中的阴暗角落，一方面精神又浸淫在半梦半醒的微醺光芒中，因此渴求着坐落于前方，另一个广袤空间中的自由自在。经过如此安排与设计之后，光临此圣殿的宾客们，来到门前自然会安神宁静，假如他的身份是武士，当然也会将他的佩刀留在檐下的刀架上。茶室，也是卓然出世的和平之所。接着这位武士需要弯躬屈膝，跪行而入，以通过不到三英尺高的矮门，不论来者身份的高低卑贱，都需如此而为。这项设计，可以陶冶宾客谦冲居下的性情。众人起先在“待合”休息暂待之时，便互相商定推辞入席顺序。待主人召唤后，诸君便依序入内，就座的动作必须保持安静，并且需先向主人安置于床之间的书画插花行礼致敬。一直到客人全部入席，除了铁壶煮水沸腾外,所有声响骚动告一段落,房内再度恢复静止无声之后,主人才会现身。茶会所用的壶底铁片经过特殊设计，让沸水带动出一种特殊的音律，悠然成乐，有如瀑布回声轰轰，激起云气隐隐；又如远处之海潮拍岸，碎浪成花；亦如暴雨滂沱，过竹林窸；或如远方山丘，松涛飒飒。

茶室斜顶垂檐的高度，只容少许阳光射进，使得即使是日间，内部的光线也不会太过耀眼。从屋顶到地板，室内所有的对象，色调都偏淡素；宾客们也需慎选服饰，好与背景颜色协调。岁月熟成是最重要的一项特征，凡是新近取得之物，都禁止出现在茶室之内，唯有竹制茶筅与麻布拭巾，特准与周遭整体形成新旧对比。茶室与茶具看起来即使再怎么陈旧，却绝对是干净无比。就算是最黑暗的角落，也都保持着一尘不染，若非如此，主人便不够资格以茶道大师自处。成为大师的首项基本功，就是通晓打扫、清理、洗刷的要领；毕竟，清扫抹拭也是一门艺术。例如，一件年代悠久的金属艺品，总不能如同肆无顾忌的荷兰主妇那般粗暴以对。又或是，花瓶滴落的清水其实并不需要加以抹去，因为它暗示着露水一般的纯净与清爽。

在这一点上，有一个关于利休的故事，可以说明大师心目中的洁净为何。有一次，利休之子绍安正在打扫刷洗庭径，利休本人则在旁边看着。当绍安全部打扫完后，“还不够干净”，利休吩咐他再扫一次，绍安只好继续。又经过一小时的辛勤努力之后，绍安对利休说：“父亲大人，已经没有东西好清理的了，小径已经刷洗了三次，石灯笼跟树梢上都洒了水，苔藓和地衣看起来都生气勃勃，洋溢生机；哪怕是一根小树枝，或者是一片落叶，都不能在地上找到。”利休听了不禁斥责道：“蠢蛋，庭径不是这样扫的。”一边说着，一边步入庭中，抓住一棵树干摇将起来，园内登时洒满红黄落叶，片片皆是秋之锦缎！可见利休所欲，并非徒有清净，更要兼有美感与自然。

茶室有“时兴之所”这样的名字，暗示着它是一个容纳创意的空间结构，可以符合特定的、个别的艺术需求。

茶人是去造就茶室，而非受限于茶室。因此茶室的具体样貌，自始就是为了一时所好，而非流传百世。这种人人皆有一间专属房舍的想法，源自大和民族的远古习俗：根据我们神道信仰的要求，在家长去世之后，剩下的家人必须搬离原本共住的住屋。不过当时之所以需要这样做，背后也许有一些卫生上的考虑也不一定。另外一项古老习俗则是，每对新婚的新人，都应该受领一栋新落成的屋子。受这些习俗所致，远古时期的国家首都，一直需要惯常地更迁。伊势神宫这座天照女神[23]的最高神社，每二十年重建一次的传统，即是古代仪式延续至今日的一个例子。要实际遵循这些传统习俗，一定得采用我们特有的木材构造与工法，那方便拆解也方便搭筑的建筑形式不可。如果使用较为耐久的砖瓦石材建筑，当初的迁移现象便不可能出现。事实上，自奈良时代以后，虽然同为木造建筑，但改采更为巨大坚固的中国式设计后，迁都也就很少发生了。

另一方面，具个人主义色彩的禅宗思想，于15世纪时跃上主导地位，而茶室更让我们察觉到，这种思想是如何为古老日本的艺术理念，注入了更深切的意涵。承续佛教一切无常的看法，还有以心御物的训勉，禅宗思想将房屋视为身体暂时的避风港。而且就连我们拥有的身体，同样不过有如原野中的一座草屋——以四周杂生的草杆绑束而成，虽能用来遮风避雨，但也有点单薄脆弱，终有一天散落开来时，又回归隐没至原本的荒芜之中。茶室以其茅草屋顶，诉说短暂易逝；以其纤细支柱，透露脆弱本性；以竹撑暗示轻微；以平凡的选材，言明无所滞碍。因为将美感投射于如此单纯简朴的环境上，那妙不可言的灵光始能现身于现实之中，而所谓的永恒，唯有在这种精神世界中，才有可能追寻。

茶室必须依循某种个别特定的品味来建造，乃是在遵照一项重要的艺术原则：若要淋漓尽致地赏玩艺术，就必定得真诚面对此刻的生活与生命。这并非是说无须考虑将来人们的观感，而是应当更试着去享受当下；这也不是在说无须尊重过去留下的作品，而是应该试着将前人的果实融入自己的胸怀中。盲从于传统与公式，只会禁锢建筑艺术中个体性的展现。甚且，当今日本对西方建筑单纯的模仿，缺乏目的，又无自省，此情此景，直教人哀叹不已。我们也讶异，西方最先进国家的建筑艺术，为何尽是老调重弹，不见任何原创。也许你我正历经艺术的民主化时代，只能等待有哪一位大师，成为开创下一个光荣朝代的君王。我们何不更加喜爱往昔，而更少从事抄袭？人们不是说，希腊民族伟大之处，即是他们从不依赖过去吗？

“虚空之所”这样的称呼，除了带有道家“无所不有”

的理论之外，也关连到另一个概念，那就是茶室中装饰的主题，需要持续不断有所变更。茶室乃是绝对的“空”，其中的摆设，只是符合某种暂时性的美感情怀。所有的对象，都是为了增添与主题应和的美感，而刻意挑选与安置的，只有在某些特定的场合下，才会加入一些别有用意的艺术作品。就如同一个人，无法同时聆听一首以上的曲子，美丽的事物，也只能经由不断回到某个中心主题，才能真正地掌握。因此，日本茶室的装置原则，与动辄将任何厅房变成博物馆的西方室内装潢，两者之间显然有所不同。日本人早已习惯单纯而不断变换摆设方式的装饰方法，西方那种永远都塞满了琳琅满目的绘画、雕像与古董的内部装潢，反而给我们炫耀富有的庸俗印象。一件艺术品，即使是大师的杰作，观赏者也必须要拥有强盛丰富的鉴赏力，才能在不停凝望之下，还有享受之感。由此看来，处于欧美寻常家庭的人们，艺术欣赏的能力与天分，必定是无穷无尽，深不可测，否则又怎能在混杂各种色彩与形式的作品中安稳度日呢？

“不全之所”这个说法，指出我们装置架构的又一个面向。同样是受禅道两家典范影响所致，日本的艺术作品中欠缺平衡对称，此项特征经常为西方评论家所着墨。以二元论理念为根本的儒家，以及崇拜“三元”的北方佛教[24]，绝对不会认为表现出平衡对称，会有什么值得加以反对之处。事实上，假如对中国古代的铜器，或是中国唐代与日本奈良时代的宗教艺术有所研究，当可发现它们持续在追求这类美学理想。日本过去典型的室内装潢，在各种设计安排上，显然也是以规律与秩序为准则。然而，道家与禅宗对于何谓完美，与上述提到的看法大相径庭。人们唯有在心智上克服自身的不完全，才能对真正的美有所认识。生命与艺术的蓬勃生气，源自它们具有成长的可能性。茶室，将这种可能性保留给每一位客人，让他们的想象力为自己填补出完整的美感效果。在禅宗思想蔚为主流之后，远东的艺术创作，对于那不仅展示出完满，亦呈现出重复性的"对称"观念，便刻意加以回避。同样地，循规蹈矩的构图，也被认为会戕害想象力的生机。因此，画家写生时偏好的主题，乃是花鸟风景，而非人物体态。后者本是每位自身皆拥有的事物，常常让人太过于断定自己所见，即为其所是；甚至，就算没有虚荣心作祟，只出于单纯的自觉，我们所获得的观感，还是容易趋于单调。

在茶室中，随时随地可见害怕造成重复的心思。用来布置房间的各种对象，必须经过精心挑选，以避免在颜色或式样上有所重叠。已经摆上实体的花卉，绘画中就不可以再出现；煮水壶身若是圆的，盛水的器皿就得有棱有角。

茶碗选的是黑色釉彩，茶叶罐便不应该挑黑色漆光。如果要在床之间放上花瓶或香炉，则切记不可将其置于正中央，以免空间受其平分对称。床之间的柱子也有必须遵守的规范，它所用的木材不能与茶室内其他柱子相同，否则还是不免引来千篇一律之嫌。

这又是日本与西方在内部装饰上呈现差异之处，后者的各种摆饰，多是匀称有序，均衡罗列在诸如壁炉架等室内各处。因此，西方的家内布置，让人目光所及之处，常常是些多余无谓的重复。更有时候，当我们正试图跟主人谈话时，他本人的等身画像，却自其身后注视着我们。到底哪个才是真的他？正在说话的，抑或是画中那位呢？我们心底不禁冒出一股莫名其妙，但又万分肯定的念头：两者之中，必有假货！多少次，我们得在餐桌前细细凝望，周围那精彩纷呈的餐厅四墙，不知不觉消化不良：鲜果与肥鱼的雕刻纵然栩栩如生，但为什么要用这些被我们采集追捕、戏弄消遣的猎物为主题呢？又为什么要特地展示传家餐具，让我们无法不去想象，是哪位早已不在人世的令祖令宗，也曾经在此以其用餐？

简单朴素与不落俗套，确实让茶室成为免于外界忧烦的桃源。此中之外，再无他处，可以让人对美尽情沉醉，不受打扰。16 世纪时，日本的统一与再造工程，令不少战士与政治家热切投入，茶室为这些人提供一个愉快放松的喘息之处。而对 17 世纪以降的艺术精神来说，在德川幕府所倡立的严格形式主义之下，茶室是其追求自由交流的唯一机会。任何伟大杰出的艺术作品，会对大名[25]、武士或庶民百姓皆一视同仁。当前的工业主义，正使得无论在世上何处，都越来越难出现真正的高贵典雅。比较起来，最需要茶室的，难道不是你我吗？

注释

1　作者原注曰“这里指的是Ralph N. Cram: Impression of Japanese Architecture and the Allied Arts, The Baker & Taylor Co., New York, 1905”。转引自桶谷秀昭之日译本（译注：中文部分翻自日文）。

2　原文为“the Abode of Fancy”。实际上，日文“寄”之原意，更接近于“雅致”，而观诸作者于本章中所做的阐释，可见其乃在强调fancy“出于一时之兴致”的这个意义，故以此为译。

3　原文为“the Abode of the Unsymmetrical”。unsymmetrical即为不对称、不均匀、不平衡、不协调之义。但作者在说明其意涵时，又增加了不完全之义，一方面已超出英文原意，二方面大大增加翻译难度，在欲以二字词为译的前提下，译者能力不足，仅以“不全”勉强代替。附带一提，日文中数寄屋可直接写为数奇屋，皆指茶室，但数奇原意不同于数寄，而有“不规则”之意思，就此字之日英对译而言，可非常完美地对应unsymmetrical，唯即便如此，数奇一词仍无不完全之意义。

4　千利休（1522—1591）有日本茶圣之称号，宗易是他出家的法号（利休一名则为天皇所赐）。

5　秀吉即丰臣秀吉，太合为称号，原指退位之关白（当时日本的最高文官官职），后世有时用来代指丰臣秀吉。

6　武野绍鸥（1502—1555），日本茶道的创始人之一，曾为千利休之师。

7 原文为“Kakoi (enclosure)”，本文分别将日文读音部分以日文译（囲い），英文之部分以中文就其意义翻译（围间）。本书中有不少专属于日本茶道的术语，以日文名称称之乃属当然，中文若不直接移用日文汉字，也无一贯衍用的术语。

8 原文为“more than the Graces and less than the Muses”。按，美惠女神（the Graces）共三人，缪斯女神（the Muses）则共九人，两者皆为希腊罗马神话中之女神。

9 原文为“ante-room（midsuya）”。需说明的是，此处英文部分译为准备室，乃是由于作者对其所做之解释，ante-room 在英文中主要为等候室（waiting room）的意思；括号内日文之汉字即为“水屋”。本章中，作者有时原文为英文，括号内为日文，有时则刚好相反，此点还需有劳读者多加留意。

10 原文为“portico (machiai)”，英文原即可指玄关，日文更有等待之意。

11 原文为“garden path（roji）”，汉字亦可写作“路地”。

12 位于日本奈良，法隆寺又称斑鸠寺，约建于公元 607 年，寺内保存日本飞鸟时代以来之各种建筑与文物，现为世界文化遗产。包括金堂在内之部分建物，为世界上现存最古老之木构建筑群。

13 位于日本奈良，建于公元 680 年，以古奈良历史遗迹的一部分，而被指定为世界文化遗产。

14 为位于日本京都宇治，平等院（建于 1052 年前后，故作者言 10 世纪应为误植）中的一座佛堂，因其主尊为阿弥陀，故原名阿弥陀堂，于江户时期因堂身外形及内有凤凰铜像而改名。相传代表平安时期日本人心目中西方极乐世界的情境。

15 日光为日本地名，该地亦有许多日本古建筑，在此应指东照宫。

16 此处所指的，可能是德川家康于 1603 年下令建成之二条城。若依此推测之脉络为前提，前述之日光，有可能是指建于 1617 年之日光东照宫。

17 我国传统上虽不常见此种室内空间设计方法，但其实就是类似一种壁龛。

18 全名《维摩诘所说经》。维摩诘，生卒年不详，为佛陀在家弟子，以智慧长者之形象传世，唐代大诗人王维，即因敬仰其人，而表字摩诘。

19　原文为“utter loneliness”，然此应系作者取利休茶道奥义“和、敬、清、寂”中之“寂”，直译为英文的结果。故此处“寂”之意义，实非英文之“loneliness”，而比较接近“静”，在茶道上，简单言之，则描述为达到和、敬、清之后，所进入之安详宁静境界。

20　此和歌段落出自《见渡せば花ももみぢもなかりけり浦のとまやの秋の夕暮》，作者为日本镰仓时代之和歌家藤原定家（1162—1241），定家除自己身为杰出创作者外，并为日本古代和歌最重要之理论家与评论家，其作品除和歌创作外，另编有《新古今和歌集》等选集，撰有《每月抄》等文学评论。

21　又名小堀政一（1579—1647），为当代著名茶人、艺术家，及庭园造景家。其茶道主张与规范被称为“远州流”。

22　此段文句出自《夕月夜海すこしある木の间かな》，收于《茶话指月集》。

23　天照大神，为神道信仰中的最高神祇，亦为天皇一脉传说中之始祖。

24　原文为“Northern Buddhism with its worship of a trinity”。作者此处所指为何，实难确定。盖佛教观念中，“以三为一组”者虽有，但最接近英文 trinity 一字，又能为“崇拜”之对象，更要与佛教最重要之基本思想相关者，当为“三身佛”“三宝佛”或“三世佛”。然而即使如此，依旧无法确认作者之意。不过无论是何种说法，皆源自大乘佛学，故此处之“Northern Buddhism”当指“北传”佛教或汉传佛教。

25　大名（diamyo），广义上为日本封建时代一种对领导地位“诸侯”的称呼，至于严格上如何始可被称为“大名”，其标准则随不同时期而异。

五

Art Appreciation

艺术鉴赏

如何将情事透露给读者观众知悉？关于这点，无论东方或西方，凡是伟大的艺术家，都深知运用暗示手法所能发挥的功效。凝视着框中的巨作，有如望向一道窗外，脑海中泉涌意象，即成了那端浩瀚无垠的远景，对此谁能无动于衷呢？

听过“伯牙驯琴”[1]，这个隐含道家思想的传说吗?

昔者有一梧桐神木，耸立龙门峡谷之中，实乃林木之王者。高可抬头与天上星星交谈；深可直抵长眠地底之银龙旁，令树之青根，龙之白髯，交盘错结。后有奇能术士，以此树做成神妙之古琴，必也当世无匹之音乐家，才能驯服它桀骜不驯的灵魂。一直以来，尝试从它弦上引出优美乐章的努力，的确一而再、再而三地落空，琴师们纵然费尽心力，它自顾呕哑嘲哳，不屑与他们所唱之曲应和。这般不愿为凡子所御的神器，只能继续深藏于皇宫之中。

终于有一天，鼓琴圣手伯牙来到它面前，伸出巧手轻

《伯牙鼓琴图》

拂琴身，柔触琴弦，一如骑士安抚脱缰之野马。他开口唱道四季自然，高山流水，终于唤醒了神木所有的记忆——再一次，春暖香甜的气息又嬉游弥漫于其枝叶间；再一次，新生的瀑布又沿着峡谷纷飞落下，对着刚萌的花朵展开笑靥……倏忽，虫叫蝉鸣，细雨霏霏，杜鹃悲啼，乃是使人中耳松软，昏昏欲睡之夏日柔声……听！远处秋夜虎啸，回荡谷峰，凄然锐利，如剑身反映明月，令霜衣闪烁草尖……最终，寒冬君临大地，大雪纷飞的空中，有天鹅成群盘旋；枝干戛然作响，乃冰雹欣然坠击。

之后，伯牙曲调一变，唱出情歌款款。那不经意的枝摇叶摆，心不在焉如深陷情网而出神之人。原来是高高在上，白净鲜亮的浮云，宛若骄矜的少女一扫而过，不愿停留；留下的唯有地上长长的阴影，幽暗直如已死之心。又忽然间，伯牙曲风再变，唱起了战歌，歌声如兵器交击铿锵，如马蹄踏地雄壮。古琴一闻，竟以龙门峡谷之狂风暴雨相应，琴声如神龙乘电而至，狂雷落于山谷。至此，一旁醉心不已的皇帝，不禁开口询问伯牙驯琴成功之秘诀何在。伯牙答道："陛下，其他人只顾着唱自己想唱的，当然无法成功。我让此琴选择它要的曲调，甚至究竟琴为伯牙，抑或伯牙为琴，当真连我也分不清了。"

这则故事将艺术鉴赏的奥秘展露无遗。所有的艺术杰作，都是人们以最细致最微妙的心声，所演奏出的交响乐章。真正的艺术就是伯牙，你我则是龙门古琴。我们深深潜藏的心弦，因为美丽事物的神奇抚按而终于苏醒，并且不停振动颤抖，以响应其呼唤。既然是心灵的话语，就可以直接向心灵诉说。因此那些未曾说出的，我们也有办法听得见；未曾显现的，我们也有办法看得清。大师们唤起的音符纵然不是我们可知，却让尘封已久的记忆，带着全新的意涵回

《听琴图》

到我们眼前。在此般崭新的荣耀中，受到恐惧扼杀的希望，因为害怕而不敢面对的渴望，终于又昂然而立。心灵，其实是面可供上色的帆布，画家笔下的色彩变化，成为我们起伏转换的情绪；明暗光影，乃是我们的快乐悲伤。人们在欣赏玩味艺术作品的同时，也受到它们的刻画所左右。

有如感同身受一般，能够与其他心灵融合交流的同理心，是欣赏艺术时不可或缺的能力；并且它必须以相互礼让的精神为基础。观赏者必须培养适切的心态去接受作品所欲传达的讯息，正如艺术家必须知道该如何让自己的作品发声。自己也身为大名的伟大茶人小堀远州，留给我们如下隽永之言："临画如临君。"欲对一件杰作有所理解，必然要躬身屈膝，拜倒其前，就算仅是只字词组，也需屏息以待。而一位宋代的评论家，则有这段饶富趣味的自白："年少轻狂时，余之赞赏大师，乃其画有我所爱者。待齿岁渐长，功力渐深后，余始能赞赏自己，能爱大师欲我所爱者。"令人感到悲哀的是，我们之中却没有多少人，真的愿意苦心孤诣，探索深究大师们的情感起伏。说来这只是不成敬意的薄礼，人们却不愿如此付出，实是受自身根深蒂固的无知所致。也因此，反而经常错失原本横列眼前，由艺术之美所设下的盛宴。大师总是有可以端上台面的佳肴，若竟有人落得饥肠辘辘，纯粹是自己不懂品尝之故。

在具有同理心的人心里，一件杰作可以幻化出活生生的真实，让他感到一股同志兄弟般的亲密情谊，而将其紧紧羁绊。艺术大师们，因为其爱憎惊惧的情愫，能不断活在你我心中而不朽。换言之，真正动人的，是他们的灵魂而非双手，是他们的风采而非技术。创作者对我们的呼唤越是直指人性，我们所做的回应也就越发自内心。正是如此与大师们暗通款曲，人们才会和诗歌故事中的英雄男女们，一同悲伤难过，一同快乐欢喜。可称之为“日本莎士比亚”的近松[2]，认为关于剧本写作的首要原则，其中之一便是：剧作家需要将内情透露给观众。一次，他的几位学生一齐提交脚本，希望得到师父的肯认，然而其中只有一篇作品让他满意。某种意义上这位学生之作很类似《错中错》[3]的故事——因为弄错双胞兄弟的身份，而尝到种种痛苦。近松对这篇作品的评论是：“这才有一出戏剧该有的精神：让观众得知内情。台下的人，必须知道得比台上的人还多。他们知道事情究竟是哪里出了错，因而会为那些一无所知，也不知闪避，只能一头栽进自己命运的角色，感到可怜与悲哀。”

如何将情事透露给读者观众知悉？关于这点，无论东方或西方，凡是伟大的艺术家，都深知运用暗示手法所能发挥的功效。凝视着框中的巨作，有如望向一道窗外，脑海中泉涌意象，即成了那端浩瀚无垠的远景，对此谁能无动于衷呢？大师们的作品，是如此熟悉亲切，多么令人感同身受，相较起来，当代那些陈腔滥调，就显得冷漠疏远。前者能为人心注入一股暖流；后者却只知徒具形式，依样画葫。处于现代的创作者，太过汲汲于追求技术，几乎无法将自己提升至更高的境界，一如无法带动龙门古琴的音乐家，只知吟唱关于自身的曲子。这种作品也许比较具有科学气息，却没有足够的人文素养。有句古老的日本谚语说道，女人切不可以爱上只重外在条件的男人，因为这种人心中没有一丝空隙，可容你的爱情进入填补。徒重外在，对艺术所造成的戕害，就跟它在爱情里一样致命。这一点，无论是就艺术家抑或是观赏者而言，皆是如此。

不同的灵魂在艺术中达到水乳相融，可说是种最神圣的事物。在与艺术品交会的那一刻，艺术爱好者超越了自身原本所处的境界：转眼间，他本人既存在，亦不存在了。他对“无限”因此有了惊鸿一瞥，然而口舌终究无法代替双眼，竟无法说出自己的喜悦。不过他已自物质世界的桎梏中获得释放，神魂可遨游专属万物的各种旋律之中。由此可见，艺术是多么近似宗教，能使人类更为高贵纯洁。杰出的艺术作品，在这个意义上当也是某种神圣之物。古代的日本人，对伟大艺术家的作品抱持着非常强烈的敬意。

茶人们守护其珍藏之宝，如同保守某个宗教上的秘密，常常非得要突破一道又一道的包覆封锁之后，才能达到真正的圣地——那深藏于绢丝包装下，因为神秘而至为神圣的圣物。像这类的珍宝几乎不会向外展示，即便主人有此打算，也唯有特别受邀与会之人，才可有幸一见。

茶道全盛之时，太合手下的将领，于胜战后论功受赏时，与其分封广大的领地，不如赐予一件稀有艺术珍品，还能够令他们满意[4]。而许多大受日本民众喜爱的戏剧情节，更是架构在大师名作的失而复得上。举例来说，在一出戏剧中，某大名细川氏在自己的豪宅中，收藏有一幅雪村名画《达摩》。一日，肇因于负责警卫的武士疏忽，大名居所发生了大火，那位闯祸的武士下定了决心，即使付出一切代价，也要抢救这幅珍贵的画作。于是他冲进火场，将这幅挂画捆卷收好，却发现所有的出路，都已遭受火舌阻断。一心一意，只想着保护此画的他，以佩刀在自己身上划开一道长长的口子，撕下袖子将画作包覆起来后，再将其塞进自己裂开的伤口之中……火势终于完全扑灭，烟硝犹存的余烬中，在一具残留尸体的体内，安放着那幅受到大火威胁，却毫发无伤的名画。像是这则故事般的吓人传说，除了呈现出武士牺牲奉献的精神外，也表明了日本人珍视艺术杰作到何种地步。

然而，我们必须谨记：艺术的价值，只有在我们对其加以倾听之时，方才显现。一旦我们自己的同理心，能够跨越任何种类的藩篱，艺术，自然也会成为一项普世皆宜的沟通语言。由传统与习俗形塑而成的天性，一如与生俱来的本能，都会对自己施加限制，使得我们赏味艺术的能力，突破不了特定的界限。在某个意义上，甚至是那被视为独一无二的自我特质，也在使我们理解艺术时画地自限；另一方面，面对由过去至今，浩瀚无比的所有作品，一般人也只愿亲近那些符合自己的审美观者。的确，在经过一定的培养与练习之后，可以扩展深化鉴审艺术的能力，即使是我们前所未闻的表现手法，都有办法对其所欲表达的美感加以领会。然而，无论如何，环宇内外，人类眼中所见之物，终究都是专属自己的映像。因为，每个人感受事物的方式，总受其特有的习性支配着。茶道大师们，也只珍藏那些符合自己鉴赏品味的对象。

关于这点，又有则小堀远州的故事值得一提。有一次，远州的门徒们称赞师父，认为老师在对收藏品的取舍中，所展现出的绝妙品味，真可谓是“件件都教人无法不喜爱。这代表师父您的品味更在利休之上。毕竟，会欣赏利休收藏之物者，一千个人中才有一人啊！”远州听到这话，却悲哀地回答道：“这不过证明了我是多么地平庸罢了！伟大的利休，只爱那些符合自己喜爱的品项，我却在不知不觉中迎合多数人的品味。说真的，利休才是那一千个中才有一个的茶人啊！”

当今之世，人们对艺术显然依旧抱有热忱，但这份热忱中，有很大的一部分，却并非以真实的情感为依凭，这点着实令人扼腕不已。在这个万事民主化的时代，人们叫嚷着凡是最受大众欢迎的，就等于是最好的，无视心底感受为何。他们要的是昂贵，而不是精致；不是美丽，而是时髦。多少人虽然表面上景仰文艺复兴早期，或是足利时期的艺术家[5]，但若提到如何吸收艺术赏味的养分，恐怕还是宁可转向附有图片的大众刊物——这类适足表彰他们工业主义的产物——才能令其得以下咽。对这些人来说，作者的名字，远比作品的水平来得关键。如同几世纪前，一位中国的评论家所说的：“世人皆以耳评画。”正是由于如此缺乏真正的鉴赏能力，造成今日遍地的庸俗之作，都自我宣称是古代经典，让吾人无论身处何处，触目皆是惊心。

另一个许多人常犯的通病，则是混淆对艺术的欣赏玩味，与对其之钻研考究。崇敬古物，的确是一项最美好的人性特征，我们也乐见有人在这方面经营深耕。毕竟，每位大师都曾经为自己所处的时代，开辟一条通往未来的道路，本该享有其应得的荣誉。而且，他们通过了多少个世纪以来的检视批评，才来到今日的你我面前，地位与名声不见有所动摇，依然保持着的荣耀的光环，光是这件事实本身，就足够赢得我们的尊敬。但是，若是仅以年份多寡为标准来评价大师们的成就，就委实不是件明智之举了。只不过，对其人其物油然而生的历史情怀，还是常常凌驾于美学上纯粹的审视明辨。艺术家只要寿终正寝，必然就会有人献上肯定的花束。好像嫌这样还不够似的，怀抱着革命理论的 19 世纪，让人人对整体优先于个体的想法习以为常[6]。艺术品的搜集者，只知关心能否取得足够的项目，来构成整个时期或流派的收藏，却忘了真正大师的杰作，哪怕是只有一件，比起任何时期或流派的庸俗之作，不管后者数量有多大，都更能予人增益。我们在分类上做得太多，却在观赏上做得太少。为了所谓的科学展示方法，而牺牲掉艺术的美感，是存在于许多美术馆的致命伤。

当代艺术提出的主张，呈现在生命各种重要面向上的意义，切不可以等闲视之。因为，真正属于自己的艺术，便是当前这副模样——它就是我们自身的倒影。对它进行诋毁，其实是在对自己诋毁。当我们说这个时代不存在着艺术时，又是谁该负起责任呢？无论对古代有何美好遐想，人们还是太少注意到自身拥有的可能性，这实在是件可耻的事。犹未放弃奋斗的艺术家，疲惫的灵魂在世人的冷漠阴影中苟延残喘，而我们这个极度自我中心的世纪，又提供过什么灵感或鼓励给他们呢？当代文明困乏至此，看在过去之人眼里，或许会因此替我们感到悲哀；当代的艺术成果，也可能贫瘠得招致未来之人嘲笑。我们正一步步摧毁艺术，同时也一步步摧毁了生命中的美好。能否还有位奇能术士，以全体社会为枝干，做成一只巨大无比的古琴，好可以对天才之士的安抚触摸，声声回响激荡呢？

注释

1　有关伯牙其人其事，最早见于《荀子·劝学篇》中有“伯牙鼓琴而六马仰秣”之语，日后即用来表示音乐优美动听之意。《吕氏春秋》中则有其与钟子期之故事，为后世许多其他著作所收录或引用，亦为“知音”“高山流水”“伯牙绝琴”等用语的由来。中国汉阳“古琴台”一地之传说，亦以此二人为主角。然而，除此类形象或故事外，几无其他关于伯牙本人之记载，甚至其人是否真实存在，亦无其他可信数据可循，唐代杨倞于其《荀子注》中，即直称不知伯牙何时人也。汉代蔡邕之《琴操》中，虽有言伯牙曾作何曲，但现多已失传，更无法可考是否真为伯牙所作。但无论如何，此皆无碍“伯牙”二字，为中文世界中，善鼓琴者之代称。上述种种之外，另有伯牙学琴于连成之故事，但却出于距《荀子》或《吕氏春秋》千年以上之《太平广记》，故较有可能为后世附会之作。道家典籍本身对伯牙之记载，则以《列子》为先，查《列子》中之描述，与《吕氏春秋》中所载大同小异，惟更强调钟子期之知音一事。至于本章“伯牙驯琴”之寓言，译者则不知出于何处。

2　即近松门左卫门(1653—1725)，本为贵族出身，却投入庶民戏剧创作，常被简称为近松。一般咸认其乃日本历史上最伟大之剧作家，因此作者以莎士比亚喻之。其作品形式主要为歌舞伎与人偶净琉璃，对后者之发展有决定性的贡献。

3　*Comedy of Errors*，作者即为莎士比亚，本剧之中译名甚多，《错中错》为最常见者。

4　丰臣时期，或即使扩大至日本历代，确实有狂热爱好艺术或茶道的武士藩主，也的确有天皇或大名以艺术品或是茶具，来行赏的事实，但似未成为本句所描述之一般现象。

5　足利时期（1333—1573），一般又称室町时期，这段时间由于融合了不少传统与外来的思想文化元素，加上政治权要的扶植、社会经济条件的转变，故造就了许多日本艺术领域中的发展与创新，亦催生了不少重要艺术家与艺术品的诞生。

6　唯西方思想史中，革命理论当非仅以作者所谓“整体优于个人”之思想为代表。

六

Flowers

花

只要熟知我国茶道与花道的讲究之处，必定会注意到它们对花草，那有如信仰般的礼敬。大师们绝不会任意摘取，而是按照心中的美术构思，一花一枝，细心挑选。剪下的数量一旦有任何超过需要的部分，可是会让他们大为惭愧。

春寒料峭的拂晓，天色仍然将明未明之际，鸟儿们早已开始窃窃私语。回荡在枝叶间，声声扬抑的鸟语，固然为人所难解，但难道你不也觉得，它们是在向身边伴侣，倾诉着关于花儿的点点滴滴吗？花的地位对人类而言，其实可与情诗相提并论：宁静安详，香气就能致远；无须做作，甜蜜已达人心；还有什么比它们更适合向我们绽放那处女般圣洁的灵魂？那副首度对少女献上的花环，代表着史前时代的男人，头一次超越了内在的兽性。此一凌驾原始需求之上的举动，让他进化为人类。而领会像这类无用之举可以有何微妙作用，则使他踏进了艺术的领域。

无论欢乐或悲伤，花儿始终是人们的朋友。伴我们饮食，助我们歌舞，任我们亲狎亵玩。结婚与命名怎可没有它，哀悼与治丧更是少不了它。百合正可以敬神[1]，莲花最适合冥想[2]，至于要在战场上列队冲锋，则要别上蔷薇[3]与菊花[4]。甚至有些人，还会试着与花谈心。假如没有了它们，人类要如何独自活下去呢？这样的世界，让人光是想象便觉害怕。对卧病在床的人来说，有什么样的慰藉是鲜花无法替他们带来的？它们的祝福，对久病难耐的不幸心灵来说，多像是一道能驱走心中黑暗的光芒。花朵带来的温暖，柔和又安详，让人重拾对世界逐渐失去的信心，如同凝望美丽纯洁的孩童那深切的眼眸一般，能唤回人们原本已经失去的希望。甚至在我们终归尘土之后，也是由它们在吾人的墓前悼念哀伤，久久不曾离去。

可悲的是，尽管日日与花相伴，却无法掩饰人类依旧离兽性不过几步之遥。一旦撕开外表的羊皮，藏于其下的恶狼马上向你咧嘴龇牙。有道是，男人十岁时性如野兽，二十岁时无知疯狂，三十岁时一事无成，四十岁时招摇撞骗，到了五十岁，则不折不扣是个罪犯。说不定，正是由于一直未曾自兽性中挣脱，才使其最终成为罪犯。对人类而言，没有任何事物比饥渴更真实，比欲望更神圣。一座又一座，各种神殿在世人眼前崩落，唯有一座能够永远屹立不摇，让人在其中烧香祭拜那至高无上的偶像——也就是人类自身。这唯一的真神是何其伟大，而金钱乃是它在这个世界上的先知！我们糟蹋自然，以向它献祭；我们自吹自擂征服了物质，却无视其实是自己被物质征服的事实。文化与优越啊，多少罪名还未以汝之名行之？

告诉我，温柔的花儿，或者我该称你为星星的泪珠？当你簇立园中，向歌颂着阳光露水的蜜蜂点头示意时，可曾察觉到就在前方不远处，等候着你的可怕命运？此时，夏日温和的微风还吹拂着，就请你继续摇曳生姿，在欢笑嬉闹的美梦中多留一刻吧！因为明日，一只无情之手，就要勒向你的喉咙了。你将被拦腰折断，肋骨被一根接着一根地分离支解，最后还被带离你恬静的家园。那位行凶的女人，说不定也有着花容月貌，有可能嘴上一边说着你们是多么地可爱美丽，一边却继续让手上沾满你们流淌的鲜血。花儿你告诉我，她这样做真的美吗？你的结局，可能是囚禁于某位无情女人的发上；也可能被塞入某位女人胸前扣间，以至于对方若是位男人，便不敢正视你一眼。甚至也有可能，你或其他同伴们，是被禁锢于某个狭窄的瓶中，只能吸取些微死水，徒劳无功地想要抑止那预示着死亡到来的狂渴。

花儿啊，你可知道，要是你身处我们天皇之国，说不定会遇上一个以剪刀小锯为武器，令人害怕不已的人物。他自称是一位“花道家”，认为自己拥有跟医生一样的权利，你一听当然也就出于本能地痛恨他——医生总是试图增加患者的困扰，这点你知之甚详。他对你使出剪裁、屈折、扭转等等技术，逼你摆出一些原本不可能做到的姿势，还认为这才是你原本该有的样子。他将你的肌肉扭曲，将你的骨头错位，你才知道原来这位仁兄乃是位推拿师傅。他用火红的烧炭帮你的伤口止血，用铁丝插进你的体内帮你循环。他开给你的饮食菜单中尽是盐、醋、明矾，有时还有硫酸盐。当你终于快要昏倒时，再用沸水浇在你脚上使你清醒。在他这样治疗之下，你又多苟延残喘了几个礼拜，这是他自诩的功劳。但难道你不觉得与其如此，还不如当初落入其手时，便一死了之呢？你上辈子究竟是犯下什么滔天大罪，因果轮回才会应许你这般难受的惩罚？

比起东方花道家，西方社会对待花朵时，那种肆无忌惮的浪费方式，甚至更加骇人听闻。为了舞厅里与餐桌上[5]那些用过即丢的花饰，欧洲与美国每天所剪下的数量必定相当惊人。把这些花系在一起，说不定可以做成一串足以覆盖整片大陆的花环。这种轻率对待生命的行为与心态，让花道家的罪孽相形之下显得微不足道。至少，后者还知道珍惜自然的资源，会以详尽的事先规划来挑选受害者的

种类数量，并且对其死后的残骸致上敬意。西方展示花卉的方式，似乎是以之作为某种炫耀财富的方式——一场只能短暂存在的缤纷幻想。在盛宴结束之后，这些花儿们究竟去了哪呢？还有什么比见到一朵枯萎的花，被毫不怜惜地扔掷于粪堆之上，更加令人怜惜的事呢？

明明得此红颜，为何又如此薄命？纵如飞虫之微不足道，都能咬人一口；最温驯的动物，在其被逼入绝境时，甚至也有能耐放手一搏。因为身上漂亮羽毛，可做帽缘装饰之用，而被人类盯上的鸟儿，犹能飞离跟踪者的魔爪；因为外表高贵皮毛，而受人类觊觎的动物，至少能在猎人接近时，隐去自己的踪迹。唉，可是在花儿的认知里，世上会飞的也只有蝴蝶而已；除此之外，他们所知者，唯有无助地站在破坏者面前。就算他们曾经在死前痛苦悲鸣，那哀号声也从来不曾受人类无情的耳朵垂怜。人类对待这些一直默默付出，静静示爱的花儿，总是如此残忍不堪，终将迫使这些最美好的朋友，有一天弃我们于不顾。难道你没注意到，野生的花丛正在逐年减少？想是他们之中的智者，告诉同伴们先躲远一点，等到人类变得更有人性再说。也说不定，他们早已举族迁移到天国去了。

对那些养花莳草的人，我们比较有好话可说；毕竟他手上拿的是花盆水壶，当比那些持刀握剪的，要人道仁慈得多。每当他为了适宜的阳光与水量而操烦，为了病虫侵攻而如临大敌，为了寒冷霜害而恐惧，为了花期延误而焦虑，为了枝肥叶嫩而兴高采烈。看在一旁的我们眼里，真是欣然可慰。东方世界早在非常久远以前，便发展出有关花草植栽的艺术。甚且，哪位著名诗人对何种花木情有独钟，又是如何展现其爱慕欣赏，凡此莫不有诗歌轶事流传下来。唐宋两代兴盛的陶瓷制作，留下称得上是传说逸品的盛器——那些根本已经不是花盆了，而是一座座供花居住、镶珠佩玉的宫殿。每株花草都有专人随侍在侧，用兔毫软刷拭洗其叶片。也有文献写道：若是牡丹，必须由盛装打扮的美貌侍女为其浴洗；若是梅花，则应由苍白削瘦的僧人为其浇溉[6]。有一出谱写于足利时期，广受日本大众喜爱的能乐《钵の木》[7]，故事大纲即在讲述一位落魄潦倒的武士[8]，如何在寒冷的深夜，为了招待路过的云游僧人，却苦于没有生火的燃料，只好牺牲自己珍爱的盆栽。实际上，这位云游僧不是别人，正是北条时赖[9]——日本版《一千零一夜》故事的主角[10]——托他之福，武士的付出最终也能获得应有的回报。时至今日，这出戏码依旧能够赚得东京观众的热泪。

此外，古代对娇弱的花朵更是极尽呵护之能事。唐玄宗在四处枝头悬挂许多黄金小铃，以驱走花园内有害的鸟儿。这位皇帝还会在春日亲率御用乐师，以丝竹管弦取悦自己的爱花。在日本，有一块木碑相传出于古代传说，那有如阿瑟王[11]般的英雄义经[12]之手，至今还留存于某座寺院[13]之中。古意盎然的它，乃为保护一棵美丽的梅树所立，碑文在言及此树花开之美后，所做出的警言，亦给人一种战乱时期才有的残酷意趣：“断此树一枝之人，当断其一指。”我想，不如将这条律法，也施加于今日那些肆无忌惮地“摧花败柳”，或者焚琴煮鹤之徒身上吧！

只不过，即使将花豢养于钵盆中，也忍不住让人怀疑，这依旧是人类私心为己的表现。为何在令其远离家乡后，还希望对方有办法于陌生的环境中绽放美丽？这不就像是要求鸟儿能在囚禁于笼中之余，依旧毫无罣碍地歌唱求欢？谁又知道，说不定你那温室里的兰花，其实对里头的人造温度感到窒闷难耐，却只能心灰意冷地，渴望再看一眼南方家乡的天空？

理想的爱花人士，应是亲赴他们原生的栖所，像陶渊明那般，在破竹篱前与野菊攸然坐谈。或是像林和靖[14]在漫游于西湖之滨，梅树丛间，月影昏黄，暗香浮动，终致浑然忘我[15]。传说周茂叔[16]会于小舟中睡去，以期能潜入水中莲花之梦。同样基于这种爱护花朵的方式，日本奈良时期最著名的光明皇后[17]如此唱道：“摘汝者我手，受辱者汝身，嗟哉花者，且立丛间，三世之佛，爱汝之生。”[18]

然而，我们也无须为赋新词强说愁。吾所求者，不过是多一点高贵，少一点奢华。老子曰：“天地不仁。”弘法大师[19]有言：“流啊流啊，不停地流，生命之河，未曾停留。呜呼哀哉，往生极乐，众生平等，无有不死。”[20]无论我们望向何处，前后左右，上下四方，皆可见到万事万物的崩坏毁灭。变化无常，是唯一的永恒——人们为何不像欢迎生命一样，拥抱死亡？死与生，其实是一体的两面，梵天的昼夜[21]。陈腐衰老者若不消散，又怎会有再造新生？人类也曾经用许多不同名字，来向死亡这位铁石心肠的仁爱女神祭拜。在拜火教众们伏首面向的火堆中，她是那吞噬一切的阴影。她也是神道信仰的日本，一直到今日，都还敬拜着的，那冰冷纯粹的剑魂。神秘烈火吞食掉的，是凡人的脆弱；神圣宝剑所斩断的，则是欲望的枷锁。从我们遗留的灰烬中，代表天国希望的凤凰冉冉升起；挣脱此生的限制，人才能达致更高的实现。

这么看来，假如真能够演化出创新的形式，来颂扬整个宇宙的精神，就让我们对不起鲜花吧！这不过是恳请它们，和我们一起为美而牺牲。我们必当致力于自身的“净”与“简”，好作为弥补。茶道大师们，当初之所以会建立一种对花的崇拜，便是出于这般理由。

只要熟知我国茶道与花道的讲究之处，必定会注意到它们对花草，那有如信仰般的礼敬。大师们绝不会任意摘取，而是按照心中的美术构思，一花一枝，细心挑选。剪下的数量一旦有任何超过需要的部分，可是会让他们大为惭愧。顺着类似的思维，他们的花总是连枝带叶，不做任何事前事后的剪裁。这是因为，他们的目标是在呈现植物完整的生命之美。这一点，跟许多其他方面一样，是他们与西方世界的人们不同之处。后者多半只让人看到连着孤茎的花朵，就像是一根根杂乱地插在花瓶里，没有身体的头。

当茶道大师将花整治成他心满意足的模样后，便会将它置于代表尊荣的床之间。除非在美感上，另有某些特殊的理由，其周遭不可再有任何其他摆设——即使是画作也不行，以免破坏原本预期的效果。像一位被加冕的君王坐落于那儿，任何宾客或弟子，在进入茶室时必须先向其深深行一大礼，才能开口向主人说话。有人会将大师们绝妙的花卉摆设方式画成图案出版，供在此道上尚未登门入室之人学习。其他以茶道花饰为题的著作，也是汗牛充栋。作为花饰的花儿若是开始凋零，茶人们也会将其温柔地托付予河水，或者慎重地埋葬于地下，有些时候，甚至还会为它们立碑纪念。

插花艺术似乎与茶道同样诞生于15世纪，传说中是当时一些佛门高僧，出于对一切众生一视同仁的博爱，搜集了被风雨吹散落地的残花，置于各种水瓶之中，而形成了史上第一件插花作品。相传足利义政[22]当政时伟大的画家及鉴赏家相阿弥[23]，是头一位精于插花之人。茶道大师珠光[24]，以及专能[25]，都是他的弟子。后者开创了池坊流[26]，这个在日本花艺史上，可比狩野派[27]在绘画史上，同样杰出辉煌的宗派。16世纪后段，随着利休完足了茶会仪式，插花也得

池坊流是日本最为古老的插花流派，已有五百多年历史。

到了完整的发展。利休，以及其著名的后继者[28]，包括织田有乐[29]、古田织部[30]、光悦[31]、小堀远州、片桐石州[32]等人，争相在插花手法的创新上较劲。然而，我们必须谨记，茶人对花的崇拜敬仰，只是作为他们全部唯美仪式的一部分，并未形成一个独立的信仰。插花摆饰，就跟茶室里其他艺术作品一样，从属于整体装饰的主题架构。因此，石州才会定下若是庭内有雪，就不可以白梅为饰的规矩。“太过

浮世绘

吵杂喧嚣”的花种[33]，也毫不考虑地被摒除于茶室大门之外。同理，茶人所做的插花，一旦搬离原本设定的位置，就会完全失去意义，因为它的线条与比例，都出于刻意的安排设计，以符应四周环境的视觉观感。

为了花卉本身之美而去加以膜拜，乃是直到 17 世纪中叶，“花道家”逐渐崭露头角之后才开始的。如今，花道已跟茶室完全无关，除了花瓶所造成的局限之外，尚不知

需要遵守任何其他的规矩。这点也触发了新的插花观念与手法，从中发展出许多在基本精神上各有所重的流派。上个世纪中叶，有位日本作家曾经提及，他所知的插花流派就有一百种以上。大体来说，插花可以区分为两大主要分支，形式主义派[34]以及写实主义派[35]。形式主义派的花道派别，以池坊流为首，跟绘画中遵循狩野家理论的人士一样，以符合艺术典范的理念与精神，为其所追求之目标。从现存的记载中，可以知道，池坊派早期大师的插花作品，能够将山雪[36]或常信[37]他们以花为主题的作品画面，几近原封不动地，以实体呈现在世人面前。另一方面，具有写实主义色彩的流派，正如其名一般，是以自然原本的模样作为模仿的对象，只在为了追求艺术上美感的统一时，才对表现形式施以必要的修正。这就是为什么此派的作品，会带有催生出浮世绘[38]与四条流[39]绘画的那种天然悸动。

要是此刻还有多余的时间，我们可以继续深入在足利义政时期，百家争鸣的花道大师们所设下的，各种插花时应该遵循的构图原则和细部手法，以及它们是如何预示出，日后主导德川时代装饰艺术的基础原则，这必然会是很有意思的探究。我们可以发现，其中已经藏有指导原理（天）、从属原理（地），以及统合原理（人）[40]，若是没有体现出这三大原理，便会被评为了无生趣、死气沉沉的作品。此外，花道家们也强调，在插花时必须替花呈现出三种面貌：正式的、半正式的，以及非正式的——有的花要如出席舞会般，身着高贵隆重的礼服；有的要如搭配简单但不失优雅的午后洋装；有的则以闺中才得一见、诱人的轻便打扮出现。

我个人是同意茶道大师的花艺精神，而非花道大师的那套。前者的艺术在于恰如其分地去分派设定各种元素，如此才能真正贴近生命本质，进而触动人心。相对于前述的写实派及形式派，我们可以称呼这种主张为自然派[41]。茶道大师谨守着自己的任务，仅以挑选为限，那些属于它们的故事，就让身为主角的花儿自己去述说。若是你在晚冬时节进入一座茶室，里头可能会摆上一枝纤弱的山樱，伴随着一朵含苞待放的茶花，呼应那逐渐远离的冬日身影，顺便透露春天即将来临的预兆。同样地，假如你在恼人的炎夏午后赴一茶会，在床之间的阴暗幽凉处，你会发现挂着一株百合，当露珠从它叶梢滴落时，仿佛是在向人生的愚昧微笑。

花儿的独奏已是趣味盎然，若是加上绘画与雕刻的协奏，就更引人入胜了。石州曾经在一只浅盘中放了些水生植物，意味着湖沼之中的花草树木，同时挂了一幅相阿弥的野鸭飞天图在其上方，作为相互搭配。另一位茶道大师绍巴[42]，则将一首描写海边孤寂之美的诗，形如渔夫小屋的青铜香炉，以及生长于沙滩的野花，巧妙组合在一起。当时一位绍巴的客人，写道自己见到这样的安排之后，犹如感到一股晚秋的气息。

花之物语可真是无穷无尽，我们且再多听一则就好。时当16世纪，牵牛花在日本尚属少见，利休却种了一整园，并且照顾得无微不至。此消息传至太合耳里后，自然勾起其观赏的兴趣，因此利休便邀请太合，于某日早晨来他府中茶聚。是日，太合如时赴约，然而当他走过庭园时，却发现铲平的地面上，铺满精美的圆石及沙砾，原本应该满是牵牛花之花圃，竟然根本不存一物。这位权倾天下的大人，勉强按捺满腹的怒气走进茶室，没想到内中等待他的景象，顿时让他的脾气全然平息：床之间那儿，在一件出自宋代名匠之手的铜器里，疏懒歪斜，一枝独卧着这座茶室庭园的女王——正是我们的女主角牵牛花。

这类的例子可以让我们真正知晓“花祭”的完整意义；而也许，花儿们自己也都懂。毕竟，它们并不像人类这般懦弱。有些花以壮丽之死为荣——一如那慷慨纵身、跃向风中的日本樱；只要曾经在吉野或岚山的花吹雪前伫立，亲身感受如山崩之势颓然而下的满天香花，必定能体会这个道理。那一瞬间，它们看起来就像是七色彩云，在水晶之河上盘旋飞舞；须臾，当它们任欢腾的流水驮负而去时，远处似乎传来了它们的声音：“春天哪，再会了！我们就要，航向永恒。”

注释

1　百合于中文世界，因其名称可代表“百年好合”或“百事合意”之吉祥意义，故有社交礼仪上之用。不过在西方文化中，则以其外观高雅纯洁，而为圣母玛利亚之代表，教廷国梵蒂冈更以其为国花，其对天主教信仰之象征意义足见一般，作者故有此句之言。

2　在中国文化中，莲花因其外观特色，而受历代文人赋予“君子”的形象，尤其以“出淤泥而不染”一句最具代表意义。但基于同样的观点，印度文化则将其赋予更神圣化之意义，佛教思想中亦可发现此种影响，许多佛陀之意象即与莲花莲叶之符号象征密切相关。此处之原文“mediation”，意当同本书前几章所提及之禅定，亦即佛教以冥想求能悟道之方法，作者应是就此层关系提及莲花。

3　蔷薇又称玫瑰或月季，在西方文化中向来象征美丽或爱情，亦为古希腊罗马神话中爱神与美神之象征。因此作者何以将其与战争并提，并不容易理解。历史上其与战事相关的典故，最有名者当为发生于1455—1485年期间之英格兰内战，因参战主角之双方贵族，各以红玫瑰及白玫瑰为家徽，后世遂渐渐以“玫瑰（蔷薇）战争”指称之。不知作者是否由此得到灵感。

4　菊花为中国传统文化四君子之一，更受到特定文人之异常喜爱与推崇，最有名者莫过东晋之陶潜（陶渊明）。而对日本文化而言，菊花为天皇之纹章，尊贵非凡。故菊花与战争间之关联，一时间亦不易找寻。或许乃由于不论东西方，“白色菊花”皆为死亡、悲伤之象征。不知作者是否以此作为其与战事之连结点。

5　这里的餐桌在原文中为“banquet-table”，乃是西方正式餐会或大型宴会所用的长桌，礼节上必需以新鲜花卉装饰。现代似有将此字意义扩张至一般家庭用餐桌的趋势，但由本文前后文观之，应该还是原始用法。

6　典出明代袁宏道（1568—1610，字中郎）所著之《瓶史》，原文为“浴牡丹、芍药，宜用靓妆妙龄女子……浴蜡梅，宜清瘦僧侣”。

7　为日本能剧谣曲名作，作者及作成年代不详，仅能确定为足利（室町）时代之作品。

8　此武士名“佐野源佐卫门尉常世”。

9　北条时赖（1227—1263）为镰仓幕府第五任执权（当时最有实际权力之官职），日本流传不少其人便服出巡全国考察民情政要的传说故事。

10　作者原文为“the Haroun-al-Raschid of our tales”，Haroun-al-Raschid 其人（763—809）在历史上为阿拔斯王朝第五代哈里发，但在创作世界中则为著名故事集《一千零一夜》中，部分故事的主角。与前注一并比较下，可知作者为何以此为喻。

11　阿瑟为凯尔特人（Celtics）中世纪时期之传说英雄，率领其族击败入侵英国之日耳曼民族（撒克逊人，Saxons）。其故事最早从 12 世纪开始，为当时之吟游诗人所传唱。但随着时间推移，出现越来越多以其为主角之故事，内容也越来越包罗万象，“石中剑”“圆桌武士团”与“圣杯传说”是其中最为流传者。

12　源义经（1159—1189），日本平安时代的武士，最受日本人民喜爱的历史英雄之一，因为同样有许多后世传说故事以其为主角，故作者以阿瑟王传奇来比喻。

13　即现今日本神户之须磨寺。

14　林逋（967—1028）北宋诗人，诗作人品皆受人称赞，宋仁宗赐谥和靖先生。终身独居西湖，种梅养鹤，故有“梅妻鹤子”之称。

15　作者于原注中直接指出此数句之描写，脱胎自林逋《山园小梅》诗中之句：“疏影横斜水清浅，暗香浮动月黄昏。”

16　周敦颐（1017—1073），字茂叔，号濂溪。当代大儒，宋明理学之创始人。

17　藤原氏出身，原名安宿或光明子（701—760），圣武天皇之后。爱好文艺，笃信佛教。包括东大寺及国分寺在内之不少著名寺院，是由其起意所建。

18　桶谷版日文译注指出，由内容观之，这首和歌的作者应是僧正遍昭（816—890，平安时代六歌仙之一）。至于光明皇后本人之句子则为：“**わがために花は手折らじされどただ三世の诸の前にささげん**”（似乎是很不幸地，将花摘下来了？）。

19　弘法大师为空海（774—835）之谥号，其为日本佛教史上重要人物，亦为当时有名之书法家。有平假名符号为其创作的说法。

20　以上句子以作者原文译成，实际上此偈出自空海所著之《秘藏宝钥》序，日文原文为“生生生生暗生始，死死死死冥死终”，有兴趣之读者可自行领会其中差异。

21　原文为“Night and Day of Brahma”。梵天为印度教三主神之一，主管“创造（世界）”。

22　足利义政（1436—1490），曾任室町幕府第八任征夷大将军（日本武官最高职位）。爱好艺术，在其赞助下形成所谓的“东山文化”。

23　室町时期之艺术家僧人，能阿弥之孙。除绘画及艺术鉴定外，亦为茶人和日式庭园造景家。

24　村田珠光（1422—1501），受足利义政支持的茶人，吸引禅宗茶礼，开启日本茶道之发展方向，提出“谨敬清寂”之茶道精神，即使是日后号称日本茶圣之千利休，亦仅更改一字为“和敬清寂”，足见其对日本茶道之奠基程度，有茶道之祖的称号。

25　池坊专能，生卒年不详，僧人。池坊，原意为池边的僧侣居所，相传为圣德太子所设。唯此处原文为“Senno”，作者原注亦称“专能”，但一般多认足利义政时期，以“立花”手法创立池坊流之僧人为“专庆”，特此说明。

26　池坊流被视为华（花）道元祖，有时甚至可以此流为日本花道之代表。

27　狩野画派，活跃于15至19世纪的日本宗族画派，尤其在室町晚期至江户前期的约两百年间最为兴盛。一般认为狩野派的始祖为狩野正信（1434—1530），由其开始发展的绘画日本化（当时日本绘画艺术几乎全部以中国画为模仿师法的对象），树立了狩野派在日本绘画史的地位。

28　作者以下所列之五人中，除织田有乐及古田织部，确为利休亲传之七大弟子（所谓“利休七哲”）外，本阿弥光悦、小堀远州，及片桐石州，则学茶于利休之弟子或后人。

29　织田长益（1547—1622），后世多称其有乐，或有乐斋，鼎鼎大名之织田信长的弟弟，利休七哲之一，茶道有乐流之创始者。

30　古田重然（1544—1615），因曾任“织部正”之官位而被称为织部，当时著名之茶人、制陶家及庭园造景家，曾向利休学习茶道，为利休七哲之一，小堀远州亦曾就学于他。为陶器制法“织部烧”，及茶道织部流之创始者。

31　本阿弥光悦（1558—1637），身兼当时最杰出的书法家、陶艺家、漆器家、刀剑鉴定家等身分的多才多艺艺术家，对茶道亦有涉猎。

32　片桐贞昌（1605—1673），大和小泉藩藩主，当代著名茶人，曾任江户幕府第四代将军德川家纲之茶道师范，为茶道石州流之始祖。

33　原文即“‘noisy’flowers”。

34　原文即“the Formalistic”，艺术上之形式主义有时带有贬义，指太过强调形式而不重内容，但此时似乎宜做不带评价之中性描述解。

35　原文为“the Naturalesque”，艺术上之写实主义，其精神简言之为呈现出自然原本之样貌，常与现实主义（Realism）混同。

36　狩野山雪（1589—1651），狩野派画家。

37　狩野常信（1636—1713），亦为狩野派画家。

38　浮世绘，为一种日本版画，起源于17世纪。顾名思义，浮世绘以日常生活、现世风情为主题，故深受大众喜爱。除作为日本文化的特产外，浮世绘自19世纪开始，随着日本再度与西方接触，而对西方艺术造成影响，其中最有名者，当属画家梵谷。

39　起源于19世纪的日本画派，常与圆山（汉字又可写作：円山、丸山）派，合称圆山四条派。其特色在于吸纳融合各种技法，甚至包括西洋画，来尝试创新。为近代日本画的先驱。

40　虽然一直要到进入江户时代，花道“天、地、人”这套结构原理才发展完成，但是作为其基础的三枝结构，从最早期的“供花”便已确立，而由池坊流开创的“立花”，则对三枝结构意义诠释的发展方向有决定性的影响，故作者才有此言。

41　原文为“the Natural”。

42　里村绍巴（1525—1602，作者原注则记 1524—1600），本姓松村。著名之连歌师，曾学茶于利休。

七

Tea-Masters

茶人风范

唯有以美而生之人，能以美而死。伟大茶人的末日，如同他们此生其他的时刻，尽是高雅动人。永远试图与宇宙万物的调性保持和谐，就连迈向死亡的未知世界，也都早早准备妥善。“利休最后茶会”，永远都占据着悲剧之美的最高点。

宗教中的“未来”，反而在我们身后；而艺术里的“现在”，则是“时时刻刻”。在茶道大师的看法中，若想真正欣赏艺术，唯有让艺术成为生活的一部分才有可能。因此，他们试图将自己日常生活的所有面向，精炼成一如在茶室中达到的那般高超水平：不管在什么情形下，都要维持心海平静无波；一言一语，皆需谨慎注意，不可破坏整体氛围的和谐融洽；服装的剪裁方式与颜色选择、身体的姿势、走路的样子，凡此种种，透露的不是别的，正是你我的个人艺术特质，切不可等闲视之。因为，若不让自己也成为美丽的事物，又怎么有资格去接近、去追求美呢？茶道大师，正是秉持着这样的想法，努力在这一点上超越艺术家：让自己成为艺术本身。这可说是一种追求唯美精神的禅意。只要我们愿意打开心眼，这个世界无处不存在着完美。正如利休总爱引用的那首古诗所言："白雪山头盖嫩芽，含辛茹苦把苞藏，只为独钟花情者，能有满山春色赏。"[1]

茶道大师们对艺术所做出的贡献实在是不胜枚举。古典时期的建筑及室内装潢，受他们彻底革新，成为之前在"茶室"一章所提到的新式风格，甚至进而影响到所有建于 16 世纪之后的皇宫及寺院。多才多艺的小堀远州，在世上留下许多证明自己天赋的伟大痕迹：桂离宫[2]、名古屋城[3]、二城[4]以及孤蓬庵[5]。每一座著名的日式花园，都是由茶道大师所擘划的。在茶会中所使用的器皿，必须仰赖制陶师运用精心巧思，并且全力以赴。可知日本的制陶水平，若不是受到茶道大师的启发，恐怕没办法达到后人所见那般杰出的程度。任何研究日本陶器者，对所谓的"远州七窑"[6]，定是耳熟能详。我国的许多织品，是以设计其花色的茶道大师为名。事实上即是：无论哪个艺术部门，必然可见茶人的踪迹。去提及他们在漆品与绘画等方面的影响，根本就是多此一举。日本绘画中一个极为重要的流派[7]，就是以茶道大师本阿弥光悦为始祖，他同时也是一位制陶家与漆器艺术家。光彩如他孙子光甫[8]，以及光甫

桂离宫

之甥光琳[9]与干山[10]的作品，在光悦本人的创作之旁，也几乎变得暗淡无光。整个琳派，可说都是在呈现茶道的精神，我们似乎可以由他们所爱用的粗犷笔触中，感受到大自然的生命力。

茶人带给艺术领域的影响纵然如此重大，然而，与其他的生活面向比较起来，恐怕还显得微不足道。不只是社会礼仪的惯俗，甚至在任何日本人居家的枝微末节，都可以见到茶道大师们的影子。许多精致料理的做法，以及上

名古屋城

菜食用的方式，是他们的发明；待在家中时必须着素色衣装，是他们的教诲；赏花弄草，以什么样的态度才属应该，是他们的要求。他们强调人类生来即爱好的简朴，并且展现出谦逊退让所具有的优美风采。事实上，茶在他们的宣扬之下，成了人们生活的一部分。

海海人生，波涛自生，若对如何修身养性的奥秘一无所知，必将不时受各种愚昧困扰所苦，纵欲强颜欢笑，装作满足，终究亦属徒劳。在尝试做到持平守中的路上，我们步履蹒跚，而且无论往哪个方向望去，天边的云端上都可见到风雨将至的征兆。但是，即使在翻腾的人生浪涛，不住向永恒奔去时，还是会有美丽与欣喜。所以，为何不迎向风雨的中心，又或者，何不学学列子，直接乘狂风御暴雨而行呢?

唯有以美而生之人，能以美而死。伟大茶人的末日，如同他们此生其他的时刻，尽是高雅动人。永远试图与宇宙万物的调性保持和谐，就连迈向死亡的未知世界，也都早早准备妥善。“利休最后茶会”，永远都占据着悲剧之美的最高点。

伟大的武人太合秀吉，虽然与利休有着长久的情谊，对这位茶道大师也甚为尊重。然而，能伴君侧之荣耀背后，乃是有如伴虎的凶险。在那个四处可见出卖与背叛，即使是最亲近的族人也不可相信的时代，利休却不愿做个卑躬屈膝、阿谀奉承之人，因而从不害怕与自己这位脾气凶恶的赞助者起冲突。利休的敌人便利用他与太合之间三不五时出现的嫌隙，中伤他涉及一件毒害太合的阴谋。利休可能会借机奉上秀吉一碗下了致命剧毒的茶——这样的耳语终于传到了秀吉之处。完全不需要别的，光是秀吉的疑心，就能作为即刻处死臣民的充足理由。在这暴君的气头上，任谁也没有任何辩解的余地。对应死之人来说，唯一的恩

千利休

赐便是：准许他以自杀保持自我的尊严。[11]

如此，利休预定自尽之日终于来临，他邀来自己最重要的弟子们，参加他此生最后一场茶会。弟子们无不伤心地，依照预定的时间在门廊前聚集。当他们向庭内望去，庭径两旁的树木似乎也难过地在颤抖着。在沙沙作响的枝叶声中，可以听到无处可依的游魂们在窃窃私语。至于灰色的石灯笼，就像是矗立于冥府大门前的威武卫兵。此时，房中飘出一股高贵稀有的熏香，那是主人在召唤着宾客入内了，弟子们于是顺序进入就座。床之间的挂画，乃是出自一位古代僧人，以尘世万物转眼即逝为主题的真迹。火炉上，沸腾的清水鼓动水壶唱起哀歌，有如那用鸣声向将逝的夏日，倾吐心中悲伤的蝉。须臾，主人进入茶室，逐一向宾客奉上茶汤，众人也依序默默地饮尽，主人则最后才喝完。接着根据当时的仪节，身居首位的客人于此时提出检视茶具的要求。利休便将它们，以及那幅挂物全部置于桌上，并在所有访客都表达了对这些珍藏的赞美之后，将其一一分予众人，作为纪念。唯独茶碗由他自己留下，因为“受我这不幸之人所玷污之碗，不应再供世人所用”。他一边如此说着，一边将其摔个粉碎。

茶会终于结束，所有的宾客强忍泪水，在向主人诀别后黯然离去。只剩一位最亲近的弟子，受利休之托留下，担任他最后结局的见证。此时利休褪下茶会装束，将其小心翼翼地折好后，放置于坐垫之上，露出里头纯白无垢的素袍。他温和地凝视手上那闪耀的致命剑身，口颂优美的辞世之句：

永恒之剑，吾之佳宾，刺佛杀祖，开汝之路。[12]

脸上兀自带着微笑，利休就这样踏上了未知之路。

注释

1　此为和歌家藤原家隆（1158—1237）所做之“花をのみ待つらん人に山里の雪间の草の春を见せばや”。

2　位于日本京都西部的桂川旁，为供皇族居住之离宫。建于1624年，其庭园设计出自小堀远州之手。

3　小堀远州负责该城之“天守”部分，于1612年完工。

4　此指江户以后，受德川家康之命所重建之二城，除了“本丸”部分之监工外，其庭园设计亦为小堀远州之作品。

5　位于日本京都大德寺，建于1612年，其外门前石桥、前庭、露地等部分为小堀远州之设计。附带一提，除作者以上所列之外，还有不少当代重要建筑或庭园出自远州之手。

6　即受小堀远州称赞且爱用的七处茶器窑场，一般认为包括远江的志户烧、近江的膳所烧、山城的朝日烧、大和的赤肤烧、摄津的古曾部烧、丰前的上野烧、筑前的高取烧（亦有一说认为应无古曾部烧，而为伊势烧）。

7　此即指“琳派”，通常以本阿弥光悦、俵屋宗达，及尾形光琳为始祖。对日本绘画之影响既重大，亦且源远流长。

8　本阿弥光甫（1601—1681），善制陶，亦能作画。

9　尾形光琳（1658—1716），日本著名画家，琳派始祖之一。

10　尾形干山（1663—1743），尾形光琳之弟，著名琳派画家。

11 历史上秀吉命利休自尽，一般虽认突兀，但记载上前者亦罗列不少正式理由。

12 此为依原文“Welcome to thee, O sword of eternity! Through Buddha and through Dharma alike Thou hast cleft thy way”所翻。不过，利休的辞世诗原文，在这一段其实为：“人生七十，力囲希咄，吾这宝剑，祖佛共杀”，与作者所写有点出入。

译后记

那一天，朋友通过妹妹丢来了几张复印件：“试试看吧，你应该蛮适合的。”几个月后，这项当时未曾设想太多的尝试，竟然真的成为一项成果，有幸堂而皇之，活生生摊展在读者眼前，也就是这本《茶之书》的由来。

说来有点惭愧，其实关于喝茶一事，我懂得并不多。无论是关于茶文化的知识面，或者品茶的感官面，我不仅称不上专家，更难称略知一二，甚至连副皮毛都没有。例如多少年份、哪家厂、用什么包装印鉴的陈年普洱茶饼，价值有多么不菲，或者竟有一种茶，生于何种人烟难至之处，一年至多仅能生产几两几斤，乃是中国高官权贵的最爱，甚至用来作为外交赠礼，类似这般的行情知识、轶闻故事，我实在是一无所知（因此上述所提，乃全自朋友处听来，有兴趣的朋友可以自行去探查……因为，我听时固然诚心感到赞叹，但也许是没有实际亲炙，不久后便又忘到九霄云外）。又或者传说品尝佳茗时，会感到一股暖气自丹田而起，缓缓上升至人中及头顶，此乃茶气调整人体生理的结果，直让人想起那句“五脏六腑，无一处不伏贴，三万六千个毛孔，无一个不畅快”的奇妙，此种神迹也是我这般凡夫俗子无法企及的——虽然我总怀疑当天那位茶叶销售员有点言过其实，但为何与我一同试喝的友人却跟着捣头如蒜、指证历历呢？

总而言之一句话：我之于茶非行家。那么一位不懂茶的人，却来译一本以茶为题的书，乍看之下这当然是个错误。不过作者在这方面倒帮了我一把，让这错误错得多美丽。相信看完全书的读者定已发觉，通书所谈者其实也并非上述这类面向，关于品尝方面几无着墨，其他知识细节亦非重点，就我自己的理解，反倒是讨论喝茶这件事，究竟孕寓了什么意义与精神，才是作者一心所念。当然，一百个人读完同一本书，恐怕会有超过一百种感想，即便作为译者，我的看法也不应窃据什么权威性，只是这么一来，至少我已能就自己关于茶的无知浅薄，找到些许开脱的方向。毕竟，既然谈到意义与精神，我想每个人都是自我在这类事物上的赋予者，喝茶之道如此，生活与生命亦如是。夸张一点来说，这本书从头到尾，不都是作者在抒发他对生命的观感吗?

在某次的闲谈中，主编对我提到，她最喜欢的是全书结尾那一段，那是关于茶道史上最著名的大师利休（不是一休喔），用什么样的姿态面对死亡的描述——脸上带着微笑，步向死亡的未知。我这一路闲扯下来所提到的，其实跟她的看法相去不远：那样跃身的姿态，总给人一种美好。有种说法这么认为：人们之所以恐惧死亡，原因在于死亡是一种绝对的未知。我倒认为还需要加上一个前提才完整，那便是对生命本身的眷恋：如果活着不是那么美好，我们何必害怕一旦生命消逝，自己将会失去什么、还能拥有什么、还可以“是什么”，这类除非一死，否则无法窥得答案的问题呢？无论如何，对死亡的未知恐惧让人们需要神话与宗教。而诚然，对一个彻头彻尾接受宗教解释的人来说，死亡既非未知，自也无恐惧的必要。这样的境界也许值得羡慕，在其人其心上，似乎却也没什么值得特别钦佩景仰之处。又或者，对于那些自杀者，即令他们也害怕绝对的未知，却更欲放弃此生，假若他们的目的乃是利他，像是日本战国时代，为了保全城中兵士性命，而以自杀为媾和条件的城主，呈现的固然是同样值得赞赏的勇气，只是若自杀者的出发点为自己，则不受批评谴责已属少数，他们迈向死亡的场景，留给世间的也是与前者截然不同的感受。因此故事中的利休，不同之处即在于一方面他并非自愿选择死亡，一方面他对彼世的图像亦未抱持着什么宗教般的确信，于此之下他却仍然微笑以对，翩然行之，我这兀自被生死之大问困扰不已的旁人，怎能不读之心动呢？

我想这并非书本中、乌托邦才有的风花雪月，亦非象牙塔里针尖上可站立多少天使的研究，时间是2008年的尾声，世界正步入一片名为经济大衰退的阴影中，不安全感形成一种新型通货，在社会各处日渐弥漫，在人人心底加速膨胀。这道阴影以现代人几乎是唯一接受的真实：数字，来证明自己的存在：预期经济增长率、失业率、央银存款利率、币值、股票指数、基金期货、订单、年终奖金、薪水……虽然与此同时，在我所生活的岛上，人们的目光与心思还是有余力，以不满、愤怒、仇恨，以及无比狂热的兴趣，去供养那些唯利是图、只知斗争的政客与大众媒体。更不用说，每个人或每个家庭，总有各式各样的烦恼与不满在闷烧发酵（与其相较，世界上其他一些迫切需要关心与理解的事物，譬如贫穷、饥荒、疾病、人权侵害，甚至那很可能在未来几年之内，就决定人类是否可以存活至下个世纪的地球暖化议题，竟像是发生在其他星球上那般地遥远）。这世界，太容易以生命的不美好来向人们诉苦，不可讳言地，人们也常是这个世界之所以不美好的始作俑者。于是现代人的死可悲到一种可笑的地步：科技主导的思想革命，已经让我们在接受宗教的世界观上困难异常，让我们越来越难透过放弃对知的追求，来换取对未知的了解；偏偏活着本身，又美好不到哪里去。死活之间变得如此尴尬，现代人纵然多数还是赖活着不放，那整日忧烦躁郁的面目只顶多让人感到怜悯，再也没有令人感动的可能了。

唠叨至此，这篇译后记已经全然变成读后感想了，不过读者既然有兴看到这里，我也借此机会有幸一抒己见，若竟致听者心有戚戚，说者更加可得意了。但从此段开始请容我说些比较偏重私人意义的事情，且当作是第一部作品的特权吧：将届而立之年，兀自一事无成的我，竟跑来搞翻译这件报酬既不优渥，又不可能功成名就的勾当，尤其是在这样的大环境状况下，更不是夸张可以形容。之所以能让我这样为所欲为，当然是受惠于来自家庭的助力，让我能在经济阴影的笼罩下，常常觉得身受安全的阳光照耀。其实我的家庭赐给我的，还不只是完成这本书所需要的赋闲时间，现在回头想想，打从一开始世界之所以对我而言是美好的，难道不是家庭呈现给我的吗？更不用说现在的我，何以会茶不离手，以至于会对本书发生兴趣，跟从小就看着爷爷，每当有客人来时，必沏茶以待，平日没事时，也自饮其乐，这样的亲身经验，必然也脱不了关系。像我这个时代的人，家人之间常是羞于言谢的，不过在书上却可以。另外，在本书翻译工作期间曾经帮助我，以及因此被我冷落以待的朋友，如果你们是前者，请收下我的感谢，如果是后者，请接受我的道歉，然后记得无论什么时候，我都没什么改变。

谷　意

台北，2008 年 12 月